DOMA NATURAL

ADIESTRAMIENTO DEL CABALLO EN LIBERTAD, PIE A TIERRA Y MONTADO

Manual de etología aplicada a la equitación

DOMA NATURAL
ADIESTRAMIENTO DEL CABALLO EN LIBERTAD, PIE A TIERRA Y MONTADO

Élisabeth de Corbigny

ÍNDICE

Advertencia 9

CAPÍTULO 1 – ¿POR QUÉ ESTE MÉTODO? 11
La seguridad 11
El placer 12
La eficacia: todas las razas, todos los jinetes, todas las disciplinas 12

CAPÍTULO 2 – UN POCO DE ETOLOGÍA 15
La relación hombre/caballo: en América *horsemanship* 15
– Depredador/presa 15
– El establecimiento de una relación armoniosa 15
– La búsqueda de un medio de comunicación 16
– El caballo visto como un «compañero» en vez de como una presa 17
– El ser humano visto como un líder en vez de como un depredador 17
Comportamientos equinos 18
– El caballo: un animal huidizo 18
– El instinto de conservación 18
– La capacidad de aprendizaje 18
– La capacidad de memoria y anticipación 19
– La capacidad de atención 20
– La pereza 20
– El orden jerárquico 21
Comportamientos humanos 22
– Aumento de nuestra capacidad de concentración 22
– Desarrollo de nuestra capacidad de observación 23
– Mejora de nuestros reflejos físicos 23
– Control de nuestro cuerpo 23
– Mejora de nuestros reflejos mentales: la anticipación 25
– Control de las emociones 25
– Acallar nuestro ego 25
– Tener en consideración el punto de vista del caballo 26

CAPÍTULO 3 – ALGUNOS GRANDES PRINCIPIOS 29
Resumen del método 29
– La seguridad 29
– El control del movimiento 29
– La cesión a la presión 29
– Las tres partes principales: cabeza, caderas, espaldas 31
Etología aplicada 31
– El juego 31
– «Aparta» 32

Índice

– Captación de la atención del caballo	35
– Tomar/enseñar	36
– Profesor/alumno	38
– Comodidad/incomodidad	39
– La motivación	39
Las herramientas pedagógicas	39
– Punto de partida/microfases/objetivo	39
– La pedagogía de los cuatro tiempos: las cuatro fases	42
– Aproximación/retirada	44
– Sensibilizar/desensibilizar	46
– Recompensa/castigo	48
Conceptos útiles	51
– Mantener el caballo ocupado	51
– Actuar en vez de reaccionar	52
– ¡Ser positivo!	52
– Los errores son útiles	52
– ¡Adiós al miedo a equivocarse!	52
La mecánica del caballo	53
– Las tres partes principales: cabeza, caderas, espaldas	53
– La cabeza	56
– Las caderas	56
– Las espaldas	58
– La visión: lado izquierdo, lado derecho	58
– Educación física más que psicología	58
– Las «rigideces»	58

CAPÍTULO 4 – EL TRABAJO EN LIBERTAD ... 63

¿Qué es el trabajo en libertad?	63
– «Lección n.° 1»	63
– ¿Trabajo o patio?	66
– El control del movimiento	71
¿Por qué el trabajo en libertad?	73
– La seguridad	73
– Instaurar una relación	75
– Crear un lenguaje: comunicarse	75
– El caballo comprende que escapar no sirve para nada	83
– La transformación de la huida en un movimiento controlado	83
Las herramientas del trabajo en libertad	83
– La pista para dar cuerda	83
– El lazo o la tralla	85
– El lenguaje corporal	85

– La voz	86
– El principio básico: «¡Aparta!»	87
– La duración de las sesiones de trabajo	89
Desarrollo de la lección n.° 1	93

CAPÍTULO 5 – EL TRABAJO PIE A TIERRA 97

El tipo de caballo	97
El lugar	100
El equipo	100
– La cabezada	100
– La cuerda	100
– La fusta	105
– El filete de palillos + una rienda	105
– Los protectores para el trabajo	105
Los objetivos del trabajo pie a tierra	109
– Movilizar las tres partes	109
– Enseñar al caballo a ceder a la presión	109
– Conectar la rienda a las tres partes principales	111
– Enseñar al caballo la utilización de la embocadura	114

CAPÍTULO 6 – LAS BASES DEL TRABAJO A CABALLO 115

Educación a caballo y seguridad	115
Pedagogía ecuestre	115
Tres partes, seis direcciones	116
El equipo	116
– ¿A pelo?	116
– La silla	116
– La embocadura	118
La embocadura como medio de comunicación	118
– Comodidad/incomodidad	118
– Motivación	122
El trabajo con una rienda	122
La embocadura actúa como un teléfono	126
Pedir/esperar/aflojar	129
– La gallinita ciega	129
El lenguaje corporal	133
– El asiento	133
– Los gestos de las manos	136

Conclusión 139

ADVERTENCIA

¡No he nacido entre caballos… pero los amo! En este libro se encuentra todo lo que he copiado y aprendido de mis profesores y la síntesis que hago hoy no es definitiva sino evolutiva o, al menos, así lo espero. Quiero decir con estas palabras que la *equitología* o equitación etológica es una búsqueda permanente de una mejor vía de comunicación con el caballo con el espíritu de la ligereza y del placer compartido.

Tom Dorrance, Monty Roberts, Pat Parelli, Ray Hunt y muchos otros están presentes a lo largo de estas páginas… Pero el que considero un auténtico maestro se llama John Lyons. Ha alcanzado un nivel más alto que los demás en el ámbito de la comunicación con el caballo; su inteligencia y su sensibilidad hacen de él un jinete y un técnico ecuestre fuera de lo común, sin olvidar su inmenso talento como pedagogo. Le rindo homenaje por haber sabido darme ansias de aprender e investigar…

Estas nuevas técnicas proceden de Estados Unidos, pero lo que dicen los maestros de nuestra equitación tradicional, de Jenofonte a Nuno Oliveira, no difiere demasiado.

Los americanos simplemente han tenido la genialidad de saber «formatear» un sistema sencillo que permite que la gente corriente como yo pueda comprender y aprender. Espero que este libro sirva para tender puentes entre nuestra equitación tradicional y estas «nuevas tecnologías ecuestres». En cuanto a vosotros, que deseáis entrenar a vuestro caballo, tenéis la posibilidad de instaurar con él una relación armoniosa basada en la confianza y el respeto mutuos, incluso si sois principiantes o no sabéis de caballos.

Los que hablan de «susurradores» intentan enmascarar las cosas sencillas y hacerlas esotéricas y elitistas, cuando en realidad están al alcance de toda persona con sentido común que ame realmente a los caballos: es más una cuestión de actitud interior que de técnica. Cuestionarse a sí mismo ante el caballo no siempre es fácil, pero es indispensable, ¡si no, es mejor montar en motocicleta!

Este libro tiene como ambición compartir con vosotros lo que he tenido la suerte de aprender y daros ganas de intentar «escuchar vosotros mismos de primera mano lo que vuestro caballo os murmura en la oreja».

Capítulo 1

¿Por qué este método?

La seguridad

Cualquiera que sea el método utilizado, es fundamental plantearse la pregunta del POR QUÉ. ¿Por qué escoger una u otra técnica? ¿Cuáles son los criterios que validan la técnica escogida? ¿Su rapidez? ¿Su estética?

Por mi parte, el único criterio que valida realmente este método es la seguridad: si, por ejemplo, cuando le estoy enseñando la lección del remolque a un caballo recalcitrante, acabo en el hospital o llamando a toda prisa a un veterinario para que venga a coserlo, desde un punto de vista objetivo, está claro que el método utilizado no ha sido el bueno.

No vale la pena correr el riesgo que un caballo nos aplaste el dedo de un pie por muchos millones que valga.

Hay demasiados caballos incontrolables, de la mano o montados... ¡y esto resulta muy peligroso! No se trata de caballos «difíciles» sino de caballos «mal educados».

¿Por qué este método?

Hoy en día se producen demasiados accidentes relacionados con la equitación; si vosotros o vuestros hijos estáis en contacto con caballos, no temáis preguntaros si lo que os hacen o les hacen hacer es seguro. Si la respuesta es no o si tenéis un mal presentimiento, seguramente estaréis en lo cierto: no prescindáis pues de esa vocecita que os avisa y no tengáis miedo de interrumpir un ejercicio ¡antes de que sea demasiado tarde! Por desgracia, con demasiada frecuencia se ponen en manos de jinetes inexpertos caballos peligrosos y mal educados, y vosotros como clientes y como padres ¡tenéis el derecho y el deber a negaros a montar esos caballos!

El placer

La equitación es un deporte y una actividad de ocio y esto ¡no debemos olvidarlo! Las personas que practican esta actividad lo hacen seguramente por el placer que les produce el contacto con el animal y por amor a los caballos: si no, harían otra cosa.

Por tanto, no os escondáis y ¡no os avergoncéis por amarlos! ¡Sin duda el afecto que les dais os lo devolverán multiplicado por cien! ¡Mostrad que os divertís y que disfrutáis practicando este deporte!

¡Yo amo a los caballos y espero que salte la vista! Si sois como yo, este método os permitirá descubrir una nueva dimensión en la relación con vuestro caballo.

La eficacia: todas las razas, todos los jinetes, todas las disciplinas

Cada año trabajo cientos de caballos utilizando este método y el resultado es realmente muy convincente: los caballos más recalcitrantes y lo más delicados cambian radicalmente de comportamiento en un tiempo récord… También he trabajado con mulas y burros con el mismo éxito. Este procedimiento es muy eficaz, independientemente de la raza, edad o sexo del caballo porque todos los caballos son capaces de aprender.

Además, este método va dirigido a todos los jinetes sea cual sea su nivel: es lo

La equitación es un deporte y una afición. ¡No dejéis de disfrutar con ella!

¿Por qué este método?

¡Es posible educar hasta a los caballos más recalcitrantes!

suficientemente sencillo como para que gente como vosotros y como yo lo comprenda fácilmente, y es tan eficaz como para que profesionales y jinetes de alto nivel puedan aprovecharlo de forma útil para mejorar el rendimiento de sus caballos.

En lo que respecta a los distintos estilos de equitación, debéis saber que este libro no es un manual de equitación «western». Yo practico esta equitación en competición y desgraciadamente me encuentro muchas veces con los mismos abusos y la misma violencia que en muchas otras disciplinas ecuestres…

No confundamos la equitación «western» con las «técnicas americanas de educación del caballo» que pueden aplicarse a todos los caballos y jinetes.

Por consiguiente, el objetivo de este método, independientemente de los distintos criterios referentes a razas o disciplinas hípicas, es mejorar la relación entre el jinete y su caballo a todos los niveles, a fin de alcanzar un rendimiento óptimo de la pareja.

Hay que tener sentido común: las cosas deben ser sencillas y accesibles a todos y hay que ser capaz de comprender y reproducir lo que se lee o se aprende.

Capítulo 2

Un poco de etología

La etología (estudio del comportamiento animal) es una ciencia que se aprende en la universidad, y ése no es mi ámbito.

Sin embargo, no debemos hacer «psicología de estar por casa» ni pretender comprender lo que pasa por la cabeza del caballo. Querer explicar a toda costa las reacciones de un caballo en relación con su pasado no tiene mucho interés para mí: ¡no soy una psiquiatra equina! Este método pretende solucionar eficazmente los problemas de comportamiento del caballo «reparando» la mecánica del movimiento.

En materia de etología, evitaremos elucubrar aventuradas teorías no verificadas, y nos contentaremos con comparar algunos datos de base de los comportamientos equinos y humanos para extraer un poco de «sentido común».

La relación hombre/caballo: en América *horsemanship*

Depredador/presa

El primero es un depredador, el segundo una presa: a priori, no estamos hechos para congeniar… a menos que hagamos el esfuerzo de encontrar un punto de entendimiento basado en la confianza y el respeto mutuos.

Lo que me llamó la atención cuando empecé a interesarme por estas técnicas americanas y, sobre todo, cuando vi por primera vez a John Lyons trabajar un caballo, fue el ambiente de calma y serenidad que reinaba entre ambos. Su genialidad consiste en poder establecer con cualquier caballo, en pocos minutos, una relación muy fuerte y una auténtica comunicación gracias a la cual el caballo pasa rápidamente a convertirse en un compañero.

El establecimiento de una relación armoniosa

No debemos olvidar una cosa fundamental: los caballos no nos necesitan; somos nosotros quienes hemos ido a buscarlos y capturarlos, y quienes nos hemos dedicado a «domesticarlos» para convertirlos en nuestros compañeros en la guerra, el trabajo… y hoy en día en nuestros ratos de ocio. Así pues, en esta relación, la parte con exigencias somos nosotros y, por consiguiente, para poder instaurar la relación armoniosa con la que todos soñamos, tenemos que hacer todos los esfuerzos que sean necesarios.

No soy precisamente el apóstol de la no violencia, pero todos tenemos muchos conflictos por solucionar en nuestra vida profesional, familiar, etc. ¿Acaso es nece-

Un poco de etología

Los caballos son autosuficientes: no nos necesitan...

Si queremos entablar una relación con un caballo tenemos que hacer el esfuerzo de comunicarnos con un lenguaje que sea capaz de comprender.

sario que el fin de semana reproduzcamos con el caballo una relación conflictiva? ¿Dónde quedan entonces el deporte, el ocio y el disfrute?

La búsqueda de un medio de comunicación

Para construir una relación, para encontrar un punto de entendimiento, hay que comunicarse con un lenguaje común. A priori, el caballo y nosotros no hablamos la misma lengua y resulta evidente que los caballos jamás aprenderán a hablar. Esto implica que tenemos que hacer el esfuerzo de aprender el lenguaje de los caballos y de estudiar y reproducir su sistema de comunicación. Por consiguiente, tenemos que aprender a pensar como un caballo.

Por ejemplo: un ingeniero y un niño de tres años no tienen muchas maneras de relacionarse: o bien el ingeniero se agacha y empieza a jugar con los juguetes del niño utilizando palabras sencillas y frases fáciles de entender, o bien le explica una ecuación de segundo grado y, en los dos minutos siguientes, el niño empieza a jugar solo, en su rincón, farfullando palabras de las suyas, prescindiendo del ingeniero. Ambos permanecen en su mundo sin relacionarse: para poder establecer una relación es preciso que ambas partes de comuniquen.

Y, la mayor parte de las veces, cuando nos irritamos con nuestro caballo porque no hace lo que deseamos, lo que realmente ocurre es que falta comunicación: no es que no quiera hacer lo que se le pide, sino que no entiende lo que tiene que hacer.

El caballo visto como un «compañero» en vez de como una presa

La equitación, al igual que el baile, es el movimiento combinado de una pareja: ligero, aéreo, fluido y armonioso. ¡Sin embargo, llevar el baile no significa pegar a la pareja!

La equitación es un trabajo de equipo: a la hora de realizar el trabajo, ambas partes tienen su área de responsabilidad; en un buen equipo, el líder sabe dar las instrucciones precisas, motivar a sus co-

Con la educación el caballo se transforma poco a poco en un compañero voluntarioso, atento y generoso.

laboradores animándolos y recompensando sus esfuerzos. Al igual que una persona, un caballo que trabaja motivado y con una buena disposición trabaja mejor que el que actúa obligado, porque éste último no trabaja por voluntad propia sino que intenta rehuir el trabajo. En este caso, se malgasta una buena parte de la fuerza y del potencial de trabajo.

Si queréis formar con vuestro caballo un equipo ganador, si queréis que os ofrezca todo su potencial de atleta, a todos los niveles, debéis convertirlo en un compañero generoso y voluntarioso y no tratarlo como una presa asustada o desconfiada que utiliza una parte de su energía en contrariar vuestras peticiones.

El ser humano visto como un líder en vez de como un depredador

El concepto de dominio en la «manada» que formamos con nuestro caballo

Un poco de etología

no debe confundirse con el de dominación por coacción y violencia. En el primer caso, el caballo respeta a su jinete, no porque éste se haya otorgado de oficio la posición de jefe, sino porque actúa de una forma que merece la confianza de su montura que entrega en el trabajo. En el segundo caso, el caballo, en apariencia bajo la dominación del hombre, intenta rehuir por todos los medios la situación en la que se encuentra metido por obligación y cada vez es más remiso en el trabajo y acaba mostrándose reticente o violento.

Si queremos que el caballo nos considere un líder respetado y digno de confianza, no debemos actuar como un depredador. Debemos aprender a pedir las cosas con «educación» según las palabras de John Lyons, en vez de tomarlas…

Comportamientos equinos

El caballo: un animal huidizo

El primer reflejo del caballo al detectar un peligro es la huida y el distanciamiento del peligro. A continuación, se para, observa y analiza la situación para tomar la decisión siguiente: huir a mayor distancia o quedarse donde está y seguir con sus ocupaciones. Mientras no se encuentre seguro, esperará y observará: es posible, dada su naturaleza eminentemente curiosa, que se acerque lentamente, por etapas, a objeto que le provoca temor para identificarlo y verificar si su miedo tiene justificación.

El instinto de conservación

Gracias a su instinto de conservación el caballo ha sobrevivido durante milenios… ¡Nosotros subestimamos con frecuencia la fuerza de este instinto de supervivencia que dicta al caballo comportamientos que generalmente son objeto de reproche por nuestra parte!

Por ejemplo, cuando nos enfadamos con nuestro caballo porque se pone a tirar cuando está atado, nos olvidamos de que desde su punto de vista, su reacción es lógica porque responde a un miedo visceral que va ligado a su instinto de supervivencia y a su necesidad de huida.

En cualquier circunstancia el caballo buscará la solución que, desde su punto de vista, le va a permitir evitar el peligro y le va a aportar el máximo de confort y seguridad.

La capacidad de aprendizaje

El caballo posee una capacidad de aprendizaje netamente superior a la del hombre: ¿por qué? Porque, en su calidad de presa, debe adaptarse rápidamente al entorno contrariamente al ser humano que adapta el entorno a su persona. Al decir capacidad de adaptación, quiero decir capacidad de aprendizaje y aplicando el mismo proceso mental, el caballo es capaz de aprender muy rápidamente nuevos tipos de comportamiento, mientras que nosotros, los seres humanos, cuando efectuamos cambios, lo hacemos paulatina y difícilmente.

Un caballo que ha sido maltratado y que lleva quince años mordiendo o pe-

Un poco de etología

En el caballo la huida es un comportamiento natural e instintivo.

gando patadas, es capaz, en un solo día, de cambiar radicalmente de comportamiento, mientras que los seres humanos necesitan varios años para solucionar sus problemas y cambiar de conducta y eso ¡si es que lo consiguen!

La capacidad de memoria y anticipación

El caballo sabe memorizar muy fácilmente los acontecimientos y anticipar las secuencias de una misma situación; esto nos hace una mala pasada cuando el caballo vuelve a asustarse en el mismo lugar en que se asustó el año anterior o cuando, en competición, anticipa las dificultades del recorrido.

Pero esto también puede ir a nuestro favor si sabemos utilizar esta capacidad: cuando enseñamos un ejercicio a nuestro

Al tirar el caballo intenta salir de una situación que le parece incómoda. El hecho de no poder escapar le produce pánico. Se trata de un comportamiento natural.

Un poco de etología

caballo, tenemos que ponerlo en una situación que vamos a repetir varias veces hasta que el caballo asocie sistemáticamente una acción por nuestra parte con una reacción por la suya. Creamos así una gama de reflejos condicionados que utilizamos en nuestro provecho en el adiestramiento.

La capacidad de atención

El caballo, contrariamente al hombre, puede mantener la atención durante mucho tiempo, y eso por no decir que está atento casi permanentemente: en efecto, en estado salvaje siempre debe tener los sentidos en estado de alerta, vigilar el entorno, los posibles depredadores del entorno, sus congéneres dominantes, sus señales…

Por consiguiente, un caballo, tanto si es joven como viejo, puede mantener la atención en el trabajo durante varias horas seguidas sin cansarse siempre que nosotros podamos mantener la nuestra. Según parece nosotros no somos capaces de mantener la atención durante más de ¡45 minutos seguidos!

La pereza

El caballo, al igual que nosotros, es un perezoso: ¡cuanto menos hace, más contento está! Todos los caballos sin excepción son perezosos porque buscan adoptar la solución del mínimo esfuerzo; nosotros, por nuestra parte, debemos saber aprovechar este dato básico.

Si, por ejemplo, propongo al caballo que trote en círculo o que se quede quieto e inmóvil a mi lado, escogerá quedarse parado siempre y cuando a mi lado se encuentre seguro.

Las yeguas miran lo que ocurre en su entorno y están vigilantes, incluso cuando están estiradas en el campo.

Un poco de etología

En la manada existe un orden jerárquico: el potro, desde su nacimiento, aprende a respetar al individuo dominante.

A lo largo del adiestramiento del caballo debemos saber aprovechar esta circunstancia recompensándolo a menudo con pausas, aunque sean cortas, justo después de cada esfuerzo de aprendizaje de un movimiento difícil.

El orden jerárquico

El caballo vive en una manada organizada según una jerarquía social: entre dos miembros de un grupo se instaura forzosamente una relación entre un dominante y un dominado. En cambio, es importante saber que esta relación no es «transitiva»: es decir, que el hecho de que A domine a B y B domine a C no quiere que A domine a C.

Contrariamente a las ideas recibidas, el semental no es el elemento más elevado de la jerarquía; ¡en la mayor parte de los grupos, la ley la impone una yegua dominante! En cuanto al ritmo de vida cotidiano, la elección de los pastos, los abrevaderos, etc., la manada, en general, sigue a una yegua experta considerada como líder y respetada.

Por consiguiente, para el caballo es natural y espontáneo ponerse bajo la protección de un dominante, pero en ausencia de líder digno de confianza, se convierte él mismo en elemento dominante y toma de-

Un poco de etología

Observar a los caballos en el prado nos permite entender mejor su forma de comunicación en la manada.

cisiones que le resultan fundamentales para su supervivencia.

Por desgracia, olvidamos con frecuencia que la confianza y el respeto no se pueden tomar sin más, sino merecerse: podemos llegar a inspirar confianza y respeto a una persona, pero en ningún caso podemos tomarlos por la fuerza.

Esto significa que tenemos que hacer el esfuerzo de ganarnos la confianza y el respeto del caballo, porque si no es así, no tendrá ninguna razón válida para permanecer con nosotros y estaremos entonces ante un caballo que se nos escapará física o mentalmente. Un caballo que se mueve cuando lo van a montar, que pega patadas o que muerde es un caballo dominante. Ninguno de estos caballos nos considera su líder.

Comportamientos humanos

Para mejorar la calidad de nuestra relación con nuestro caballo, debemos ser capaces de cuestionarnos y trabajar enormemente en nosotros mismos para desarrollar nuestras cualidades y mejorar nuestros puntos débiles.

Aumento de nuestra capacidad de concentración

Si queremos trabajar eficazmente con un caballo, debemos adquirir como cualidad primordial la capacidad de concentración. Los americanos hablan de «focus» lo que corresponde a la capacidad de concentrarse al máximo en el movimiento que queremos obtener en vez de mirar a otro lugar, hablar o vigilar a las personas que nos observan.

Debéis obligar a vuestro cerebro a formar una imagen mental muy precisa del movimiento que deseáis obtener y concentraros más del 100% hasta obtener ese resultado. Pero sobre todo no forméis nunca unas imágenes mentales negativas. Por ejemplo, ¡no penséis en que el caballo va a rehusar el obstáculo porque el lenguaje de vuestro cuerpo expresará inconscientemente este pensamiento y le dará al caballo la orden implícita de que lo haga!

Desarrollo de nuestra capacidad de observación

Contrariamente al caballo, que para sobrevivir debe estar permanentemente alerta en su entorno, nosotros no estamos acostumbrados a observar lo que nos rodea: ¡estamos demasiado ocupados con nuestro mundo interior como para estar atentos a lo que pasa en el mundo exterior! Sin embargo, éste es un punto importante que debemos trabajar.

Principalmente, en el trabajo en libertad, para poder dominar todos los ejercicios descritos en los capítulos siguientes, debemos aguzar nuestro sentido de la observación: si sabemos mirar y estar atentos, el caballo, con ínfimos detalles de sus posturas, movimientos o miradas, nos «dice» constantemente muchas cosas, por lo que es fundamental aprender a observarlos y comprenderlos. En lo que a mí respecta, ¡he aprendido más sobre el sistema de comunicación de los caballos durante los largos ratos que he pasado en los prados con ellos que lo que me habría enseñado el mejor de los libros de etología!

Mejora de nuestros reflejos físicos

En lo que respecta a la coordinación de los gestos y los reflejos, si nos comparamos con los caballos, veremos que estamos infradotados. Los caballos son animales muy reactivos, y si queremos estar en condiciones de seguridad y trabajar de manera eficaz, es imprescindible que mejoremos la velocidad de transmisión entre la información que percibimos mediante nuestros sentidos, los ojos o las manos, y la reacción ante dicha información.

Lo que los americanos denominan «feeling and timing» son conceptos de una importancia capital si lo que queremos es tener ante nosotros un caballo que sea reactivo a la vez que ligero y siempre bajo control. Debemos aprender a percibir con nuestra mano la más mínima cesión en la boca del caballo y a reaccionar de forma inmediata «cediendo», soltando la rienda.

Control de nuestro cuerpo

Desde la clase del parvulario hasta la de bachillerato nos pasamos horas sentados en un pupitre escolar, y es que nuestra educación, en cierto modo, ha fabricado generaciones de minusválidos sensoriales: la consciencia y el control de nuestro cuerpo han quedado relegados a un segundo plano. Nos cuesta escuchar nuestros sentidos y coordinar nuestros gestos.

Un poco de etología

Obligad a vuestro cerebro a construir una imagen mental muy clara del movimiento que queréis conseguir.

Tenemos que mejorar el tiempo de transmisión entre la información percibida por nuestros sentidos, ojos o manos y la reacción ante esta información.

Debemos dejar nuestros problemas y nuestras preocupaciones aparcados en casa.

Cuando montamos, nos es muy difícil llegar a la adquisición de ayudas independientes para poder efectuar con las manos y las piernas movimientos precisos de forma independiente y en situación de equilibrio y relajación.

Por esta razón hago que los jinetes principiantes practiquen ejercicios con una sola rienda para que aprendan sobre todo la independencia de ambas manos, indispensable en toda equitación. El trabajo pie a tierra también es un ejercicio excelente para aprender a «moverse» de forma sincronizada con los movimientos del caballo y una excelente preparación para el trabajo montado.

Mejora de nuestros reflejos mentales: la anticipación

Tal como hemos dicho, el caballo es un animal de naturaleza reactiva: si no queremos estar siempre llegando tarde a los movimientos incontrolados, que rápidamente el caballo se acostumbra a hacer en nuestra presencia, debemos entrenar el cerebro para poder estar siempre en situación de tomar decisiones rápidas. Debemos aprender a saber con anticipación en todo momento los acontecimientos que van a tener lugar y a afinar nuestros reflejos mentales.

El trabajo en libertad es, en este ámbito, una herramienta excelente para la educación del jinete, porque le permite darse cuenta de la lentitud de sus reacciones neuronales ante un caballo cuyos movimientos no es capaz de controlar. Esto le enseña a colocarse en el lugar adecuado y a desplazarse rápidamente anticipándose permanentemente, lo que también resulta de gran utilidad para el caballo.

Control de las emociones

En esta materia los caballos también resultan ser unos excelentes educadores: ¿Cómo llegar a controlar sus movimientos si no somos capaces de controlar nuestros nervios? Cuando vamos a ver al caballo, debemos dejar aparte malos humores y preocupaciones. ¡John Lyons dice muy a menudo que, en presencia de un caballo, la única emoción permitida es el sentido del humor!

Si sentís que en determinadas situaciones se os calientan los cascos, lo mejor es que aprendáis a tomar distancia ante la situación que os altera y que os examinéis a través de los ojos del caballo y ¡podréis ver claramente lo ridículos que os ponéis cuando perdéis los nervios!

Si no conseguís que el caballo suba al remolque, aprended a reíros de la situación e incluso a burlaros de vosotros mismos, y no os toméis las dificultades que tiene el caballo para entender el ejercicio que se le pide como una afrenta personal: ¡si el caballo no lo entiende es porque el profesor, en este caso vosotros mismos, no está a la altura de las circunstancias!

Acallar nuestro ego

Saber cuestionarse personalmente es una de las cosas más difíciles que tenemos que aprender a hacer cuando esta-

Un poco de etología

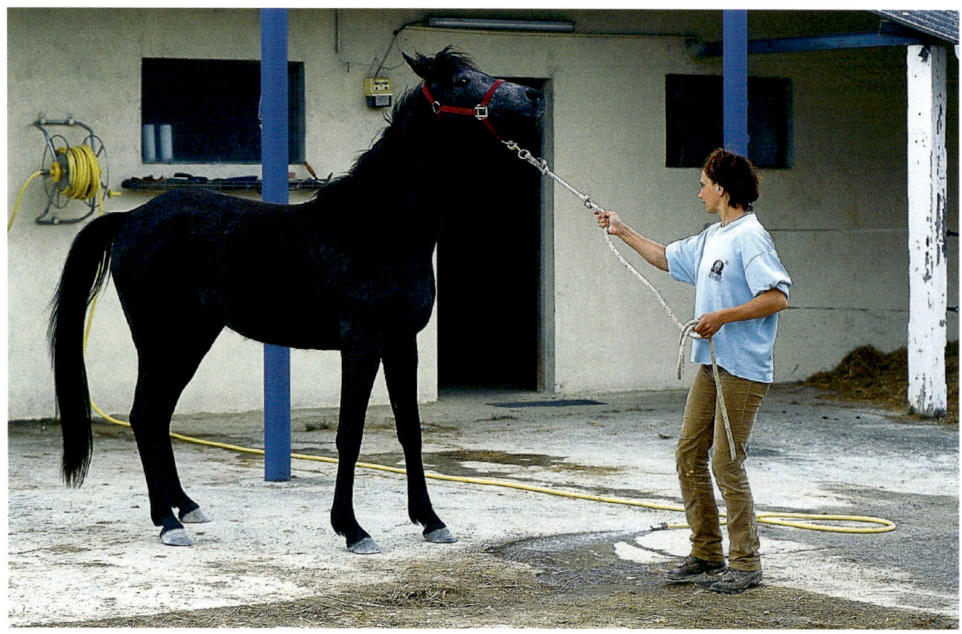

Este caballo no tira para fastidiar a su amazona. Si pudiera o supiera lo que tiene que hacer, sin duda lo haría... de ahí el interés de la educación.

mos con un caballo. En efecto, cuando el caballo comete un error, tenemos tendencia a tomarnos la cuestión como una afrenta y a culparle por todo lo que sale mal. Olvidamos que lo que realmente cuenta es el punto de vista del caballo y no precisamente el nuestro.

Nuestra naturaleza depredadora suele ganar casi siempre la partida y nos cuesta conseguir dominar nuestro ego en situación de ofensa, de manera que solemos reaccionar con soberbia en vez de hacerlo con modestia y disposición para escuchar. Esto casi siempre crea situaciones de conflicto en las que se enfrentan, por una parte, un ganador y por la otra, un perdedor. A continuación, aparece la violencia que nace de la consciencia de nuestra propia impotencia y de la frustración que sentimos... ¡Sin embargo, no hay malos alumnos, sino tan sólo malos profesores!

Tener en consideración el punto de vista del caballo

El caballo siempre tiene la razón. En efecto, si consideramos las cosas desde su punto de vista en vez de hacerlo desde el nuestro, nos damos cuenta de que todas sus actitudes y reacciones tienen motivaciones y fundamentos claros: son resultado de una situación determinada que induce cierto tipo de comportamiento.

Si el caballo hace algo que no nos gusta, como por ejemplo, no subir en el

Un poco de etología

remolque, seguramente tendrá buenas razones para hacerlo desde su punto de vista. El caballo no piensa en lo que es bueno o lo que es malo, sino que reacciona simplemente de forma instintiva ante determinados estímulos. Por consiguiente, en toda circunstancia, escoge la solución que le parece la más adecuada para él, para su confort y su preservación.

Cuando hace tonterías, el caballo no lo hace con la intención de ponernos nerviosos: si pudiera o supiera hacerlo de otra manera, lo haría. ¡Los caballos no han nacido para amargarnos la vida: tienen cosas mejores que hacer!

En conclusión os diré que los caballos, en cierto modo, son también nuestros educadores y «adiestradores», porque para llegar a comunicarnos con ellos tenemos que hacer grandes esfuerzos.

De hecho, ellos ya lo saben hacer todo: levades, grupadas, cabriolas, cambios de pie... ¡Y sin embargo muy pocos jinetes saben pedírselo!

Este método no puedo calificarlo como método «natural» porque para nosotros comportarnos de un modo distinto al de un depredador no resulta natural, y para el caballo tampoco lo es moverse con equilibrio y ligereza sin apoyarse en la mano o las piernas del jinete.

Capítulo 3

Algunos grandes principios

Resumen del método

Mejorar la **seguridad**, mediante el **control de los movimientos** del caballo enseñándole a **ceder a la presión** en las tres partes principales de su cuerpo:

➤ la cabeza
➤ las caderas
➤ las espaldas

La seguridad

En el preámbulo hemos dicho que nuestro objetivo prioritario es la seguridad: es el criterio principal que valida la elección de los métodos y ejercicios utilizados. En efecto, con ningún caballo hay justificación posible para ningún tipo de lesión…

Si intentamos analizar la causa primera de todos los accidentes, nos damos cuenta de que hay una sola y muy sencilla: la falta de control de los movimientos del caballo es una fuente de accidentes. ¿Qué es lo que ocurre cuando nos caemos del caballo tras un gran bote, cuando nos da una patada o nos muerde o simplemente cuando nos aplasta un dedo del pie? Simplemente que ha efectuado movimientos incontrolados que nos producen daños a nosotros o a otras personas.

El control del movimiento

Nadie puede obligar a un caballo a quedarse totalmente inmóvil: estando atado, trabado, o encerrado en un remolque, tiene suficiente capacidad de movimiento como para resultar peligroso.

En cambio, sí que podemos obligarle a moverse, y de hecho, ésta es la forma en que el elemento dominante de la manada afirma su posición de liderato con respecto a los demás.

Nuestro objetivo prioritario es, por consiguiente, hacer que el caballo se mueva y controlar sus movimientos: mediante el control progresivo de todos los movimientos del caballo puedo conseguir unas condiciones de seguridad óptimas.

La cesión a la presión

Si queremos comprender cómo educar a nuestro caballo y controlar sus movimientos, debemos tener siempre presente el concepto fundamental de la cesión a la presión. La tendencia natural del caballo, es, como en todos los seres vivos, resistir a la presión en vez de ceder a ella. Cuando empujamos sobre su pecho para que retroceda, si no ha aprendido a ceder a la presión, en vez de hacerlo empujará con mayor fuerza: es una cuestión de instinto.

El control del movimiento

Este caballo me está diciendo muy claramente: ¡sal de ahí!... Desempeña un papel dominante.

Al obligarle a «salir de ahí» me convierto en su líder.

Como ostento la posición de liderato, el caballo estará en todo momento pendiente de mis indicaciones.

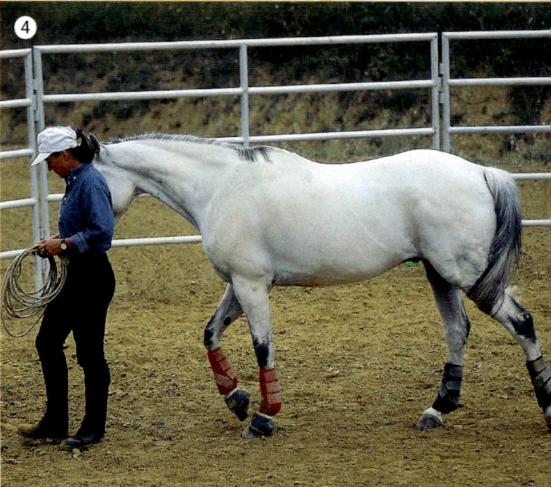

Por consiguiente, controlo sus movimientos con total seguridad. Ahora es mi compañero.

Algunos grandes principios

Nosotros reaccionamos de igual manera: la cesión ante una presión física o psíquica no es un comportamiento natural sino adquirido.

Para poder controlar los movimientos del caballo, enseñarle a ceder a las piernas o a la tracción de las riendas o la cuerda con tan sólo unos gramos de presión, se convierte pues en una cuestión educativa de alta prioridad.

Las tres partes principales: cabeza, caderas, espaldas

La originalidad de este método consiste en hacer que las cosas resulten sencillas y fáciles de aplicar para todo el mundo. Antes de pretender controlar el conjunto del caballo, es lógico aprender primero a controlar cada parte de su cuerpo por separado. Y desde un punto de vista estrictamente mecánico, el caballo se puede descomponer en tres partes principales: la cabeza y el cuello, las caderas y las espaldas.

Todo movimiento de equitación, independientemente de sus características, es un movimiento combinado de estas tres partes del cuerpo. Una vez se sabe disociar perfectamente el movimiento de la cabeza, las caderas, las espaldas y controlar cada parte por separado, se puede pasar a asociar las distintas partes en movimientos más complejos.

Etología aplicada

El juego

El término «educación» en ningún caso debe quedar confundido con el hecho

Un potro que empuja a su madre jugando no le hace daño. En cambio, tiene que aprender muy rápidamente que «jugar» con nosotros está totalmente prohibido.

de «hacer jugar al caballo», aunque el aprendizaje de los ejercicios deba enseñarse de manera lúdica para el caballo y para nosotros mismos. Los caballos, especialmente los jóvenes, juegan entre ellos: hacen carreras, se cierran el paso, se provocan en sus simulacros de pelea al igual que perros y gatos. Pero dejar que un potro «juegue» con nosotros es realmente peligroso.

Generalmente, cuando estamos en presencia de un potro pequeño, ¡no pensamos que un día llegue a pesar 500 kg o más! Y por diversión le dejamos coger la costumbre de «jugar» con nosotros, es decir, de comportarse ante nosotros igual que lo hace de forma natural con sus congéneres. Empieza empujándonos un poco, invadiendo nuestro terreno, mordisqueándonos para recibir mimos... y cuando se pone a galopar con los demás potros y pasa a nuestro lado dando botes de alegría, nos reímos porque el hecho de habernos librado por milagro de una patada nos parece muy divertido... ¡Cuando en realidad todo esto no tiene ninguna gracia! Pero llegará un día en que nuestro potrito «sin quererlo» nos aplastará literalmente los dedos del pie al llevarlo al prado, y ese día nos pondremos furiosos y, claro está, ¡nos acordaremos de toda su familia!

Pero ¿quién le ha enseñado a hacerlo? Nosotros mismos, al aceptar que practicara con nosotros los mismos juegos que con sus congéneres del prado. Así pues, ¿quién merece ahora el castigo? Nosotros, claro, porque el caballo ¡no tiene ni idea de que somos más frágiles que él y que una simple patada nos puede enviar al hospital!

Si queremos obrar justamente con nuestro caballo, tenemos que evitar enseñarle ciertas cosas que más adelante, de suceder, sancionaríamos. ¡Debemos actuar siempre con lógica y coherencia! No debemos dejar que el caballo haga movimientos incontrolados, porque si lo hacemos corremos el riesgo de sufrir un accidente que puede resultar grave para nosotros o para los demás.

«Aparta»

Hemos tratado en el capítulo anterior la organización de la manada y el orden jerárquico que reina en ella: entre cada miembro de la manada existe una relación de dominancia que está en la base de toda relación social. El caballo dominado sigue al líder, confía en él, lo respeta y está permanentemente pendiente del mínimo gesto.

En la pareja que formamos con el caballo, tenemos que establecer esta relación de dominancia para que esté pendiente de nosotros, nos escuche y poder controlar sus movimientos. Pero ¿cómo pasar a convertirnos en líder de la «manada» que formamos con él? Imitando el lenguaje de los caballos y comportándonos como uno de ellos podemos hacernos aceptar como líder respetado.

Si observamos dos caballos que se ven por primera vez en el prado, veremos que se acercan, se huelen y que, en tan sólo diez segundos, uno de ellos hace que el otro se desplace del lugar en que se encuentra: el dominante se expresa mediante una mímica corporal: gira las orejas hacia atrás, agita la cola, vuelve el tercio

«¡Aparta!»: el lenguaje de la manada

El semental palomino se acerca a la yegua alazana.

Ésta le responde con una patada: «¡Aparta!».

El palomino encaja el golpe y se aparta...

... temporalmente, porque se prepara para contestar.

La yegua alazana se escapa antes de recibir la patada: «¡Aparta!».

«¡Aparta!»: la imitación del lenguaje de la manada

La yegua viene hacia mí con la intención de que me aparte.

Reacciono echándola como si fuera a embestirla.

Se sorprende, frena y empieza a esquivarme.

Mi lenguaje corporal se vuelve más agresivo sin tocarla porque no necesito hacerlo.

El incidente termina: ha aceptado apartarse.

ATENCIÓN CON LOS CABALLOS AGRESIVOS (pág. 69)

Algunos grandes principios

posterior o abre la boca para cargar y morder… El grado de expresión varía según las circunstancias, pero el mensaje está claro: «¡Aparta!». Y el dominado lo hace por regla general apartándose tan sólo unos centímetros o varios metros, según el grado de agresividad del dominante.

*El dominante hace que el
otro caballo se desplace.
El dominado se aparta.*

Entre nosotros y el caballo ocurre siempre lo mismo y a veces incluso sin que nos demos cuenta: cada vez que el caballo nos hace «apartar» haciéndonos retroceder empujándonos, intentando darnos una patada o un mordisco, no es por maldad, sino simplemente porque nos considera inferior en su orden jerárquico.

Si lo que queremos es restablecer nuestra posición de liderato, lo que tenemos que hacer no es castigarlo, sino conseguir que sea él quien «se aparte», lo que conlleva una inmediata inversión de los papeles.

Cuando perdemos el control del caballo, nuestra naturaleza de depredador nos incita a cogernos o a agarrarnos a toda costa. Si por ejemplo, el caballo va demasiado rápido, nos agarramos con las manos y las piernas intentando parar el movimiento y gritamos «¡so!» «¡so!» desesperadamente…

Sin embargo, en caso de problemas, el único buen reflejo consiste en: «**conseguir algo de movimiento en alguna parte**».

El simple hecho de desplazar al caballo y provocar un movimiento controlado permite retomar inmediatamente la posición de liderato y volver a captar su atención.

Captación de la atención del caballo

Un buen jinete debe estar pendiente de su caballo en todo momento y controlar su más mínimo movimiento mediante señales imperceptibles. Con los malos jinetes el caballo se dispersa y dirige su atención hacia las cosas que tiene a su alrededor: otros caballos, tractores, banderas… El caballo hace entonces una gran cantidad de movimientos parásito incontrolados: espantadas, *piaffer* por nerviosismo…

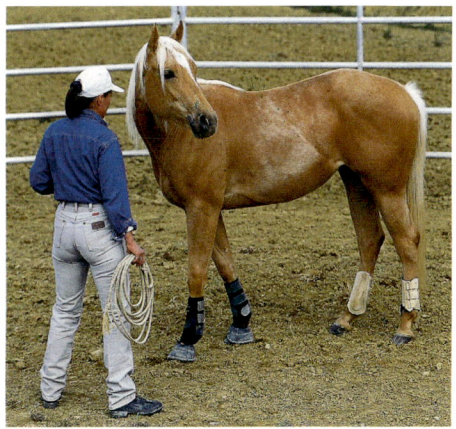

Esta potra no está pendiente de mí. Es una pérdida de tiempo para ambas porque no me escucha.

Captar la atención del caballo no es una cuestión de magia, ni algo esotérico o psicológico: es un concepto que está relacionado con su funcionamiento mecánico. Para controlar su atención, simplemente hay que controlar sus movimientos.

Algunos grandes principios

A lo largo del proceso educativo nuestro objetivo prioritario es tener en todo momento al caballo pendiente de nosotros.

No debéis centraros en fenómenos complicados o difíciles de manejar: la atención es un concepto abstracto que no puede tocarse ni medirse. En cambio, en todo momento podemos hacer que nuestro caballo se mueva y decirle «¡Aparta!» captando su atención. El control del movimiento nos permite «fabricar» un caballo tranquilo, atento y con buena disposición para el trabajo.

Tomar/enseñar

Con frecuencia confundimos dominancia y dominación. No hay hombre físicamente más fuerte que un caballo; sin embargo, sí puede utilizar medios técnicos, herramientas de coacción para someterlo por la fuerza y la brutalidad.

Controlar los movimientos del caballo no significa en ningún caso forzarlo. Hemos visto que nuestra naturaleza depredadora nos incita por desgracia con mucha mayor frecuencia a tomar las cosas porque sí, en vez de enseñarlas. Por ejemplo,

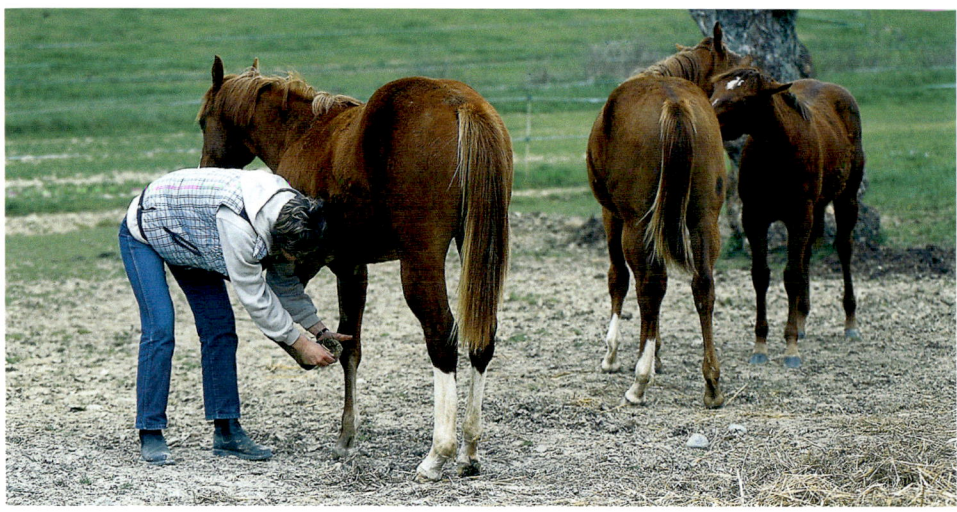

Nuestra naturaleza «depredadora» nos incita a menudo a «tomar» las cosas que deseamos en vez de enseñar al caballo a «dárnoslas». Esta potra ha aprendido a dar pies y manos, lo que nos permite manipularla en el prado sin cabezada y con total seguridad.

Algunos grandes principios

La tendencia natural del caballo es resistir a la presión en vez de ceder a ella.

Un día, sin hacerlo adrede, nuestro encantador potrito nos aplastará literalmente los dedos del pie cuando vayamos de camino al prado y de repente nos pondremos furiosos y ¡lo pondremos de vuelta y media!

Si el caballo va demasiado rápido, nos agarramos con manos y piernas para intentar pararlo gritando desesperadamente ¡so! ¡so!

tenemos tendencia a coger las manos y los pies de los caballos, en vez de enseñarle a que nos los dé. Ocurre lo mismo con todos los movimientos de la equitación: tomar y conseguir los movimientos del caballo mediante la fuerza (bocados fuertes, rendajes adicionales…) conlleva la pérdida de la ligereza; en cambio, enseñar al caballo a darnos el movimiento que deseamos lo transforma en una grácil y ligera pareja de baile.

Profesor/alumno

Enseñar a nuestro caballo a darnos un movimiento significa aprender a comportarnos como un profesor con un alumno y no como un depredador frente a una presa. La rapidez en los progresos de nuestro alumno dependerá de nuestro talento pedagógico. Si queremos que aprenda rápido, tendremos que explicarle las cosas despacio, con ejercicios simples y descomponiendo las dificultades. El caballo, al igual que el ser humano, aprende gracias a la repetición de los ejercicios.

Cuando creamos una situación de estrés, bloqueamos en el caballo toda su capacidad de aprendizaje provocando en él una situación de defensa que va ligada a su instinto de supervivencia. Ca-

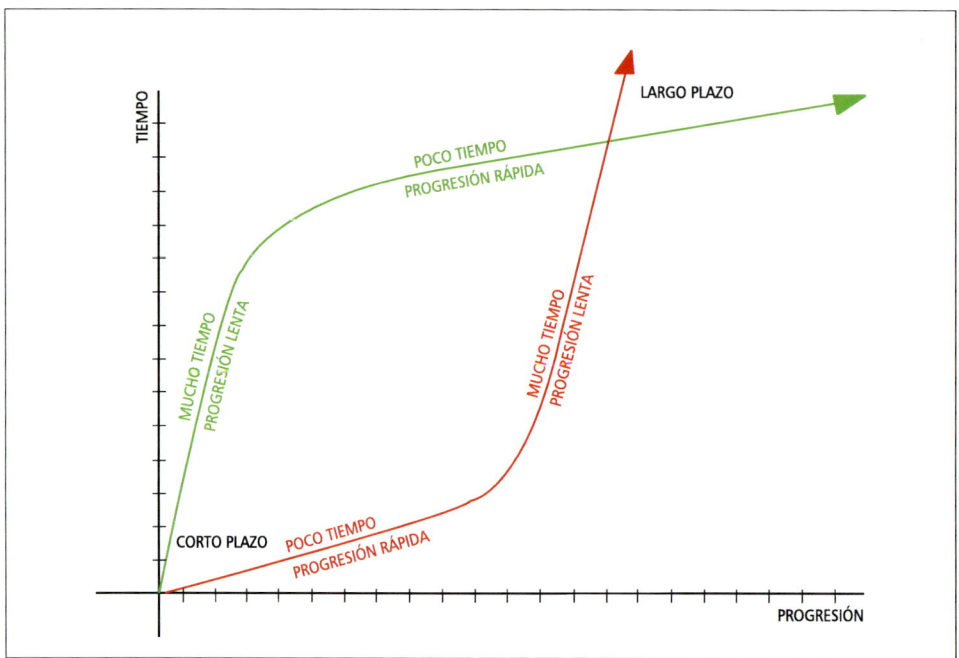

Curva de crecimiento exponencial de la progresión del caballo:
Este esquema muestra que en lo que respecta el aprendizaje del caballo, a largo plazo, nuestro método funciona mejor. Al principio, parece que pasamos mucho más tiempo en cada uno de los ejercicios, pero al final resulta que, una vez bien establecidas las «microfases» iniciales, el aprendizaje es mucho más rápido.

Algunos grandes principios

da vez que le decimos: «¡Si no lo haces verás!» creamos un conflicto en el que hay un perdedor, en vez de establecer una situación de aprendizaje con dos ganadores.

Comodidad/incomodidad

La clave del método está en conseguir que la respuesta adecuada sea agradable y la equivocada desagradable. Hemos visto que el caballo, como nosotros, es un perezoso: ¡cuanto menor es su actividad más contento está! De igual modo, si un ejercicio o un movimiento le exige un mayor esfuerzo y le crea una incomodidad adicional en comparación con otro, siempre se decantará por la estrategia de máximo confort.

Podemos utilizar esta circunstancia a nuestro favor para disuadirle y que no escoja la solución que queremos evitar, pero para ello debemos utilizar «argumentos de caballo», es decir, considerar las cosas desde su punto de vista en vez de hacerlo desde el nuestro, para hacerlo cambiar de opinión poco a poco y que encuentre una motivación lo suficientemente válida para él.

La motivación

La motivación tal y como nos explica John Lyons, es lo que proporciona al caballo una buena razón para hacer lo que se le pide. Sin motivación el caballo no tiene ninguna razón válida para ejecutar todos los movimientos atléticos que le pedimos que haga: él está en la tierra para comer, descansar y reproducirse, y no nos necesita para sobrevivir. Por lo tanto, tenemos que hacer el esfuerzo de encontrar argumentos que le den ganas de convertirse en un compañero atento y generoso.

Para ello recurriremos todo el tiempo a los conceptos de comodidad e incomodidad para que ésta última, consecuencia de una determinada situación, le lleve a escoger una opción más agradable.

Las herramientas pedagógicas

Punto de partida/microfases/objetivo

Un profesor siempre tiene un objetivo, como por ejemplo conseguir que la mayor parte de sus alumnos apruebe con éxito el examen de bachillerato. El profesor tiene claramente definido su objetivo: sabe exactamente cuáles son los ejercicios que los alumnos deben dominar para el día del examen.

En general, es muy raro que un profesor ponga al principio de curso un examen del nivel de final de curso, porque poner a la gente ante una situación de fracaso no sirve para nada. En cambio, un buen profesor pondrá ejercicios del nivel del final de curso del año anterior para verificar si sus alumnos tienen bien asimiladas las bases y para saber cuáles son los conocimientos que ya tienen adquiridos.

Esto le permitirá definir el punto de partida de su programa educativo. A continuación el profesor, a lo largo del año, aplicará una estrategia de aprendizaje

Algunos grandes principios

ANTES

ZONA DE COMODIDAD | LÍMITE | ZONA DE INCOMODIDAD

AGUA

DESPUÉS

ZONA DE INCOMODIDAD | ZONA DE COMODIDAD

AGUA

Zona de comodidad, zona de incomodidad
Imaginemos que tenemos que atravesar un río. A priori el río supone una incomodidad para el caballo y no quiere meterse dentro. Para solucionarlo, trabajaremos en la zona de comodidad para transformarla en una zona de trabajo que para el caballo es una zona de incomodidad. Lo dejaremos descansar cada vez más cerca de la exzona de incomodidad y finalmente dentro de la misma. Esta zona se convertirá entonces en un lugar de descanso transformándose para el caballo en una zona de comodidad.

Algunos grandes principios

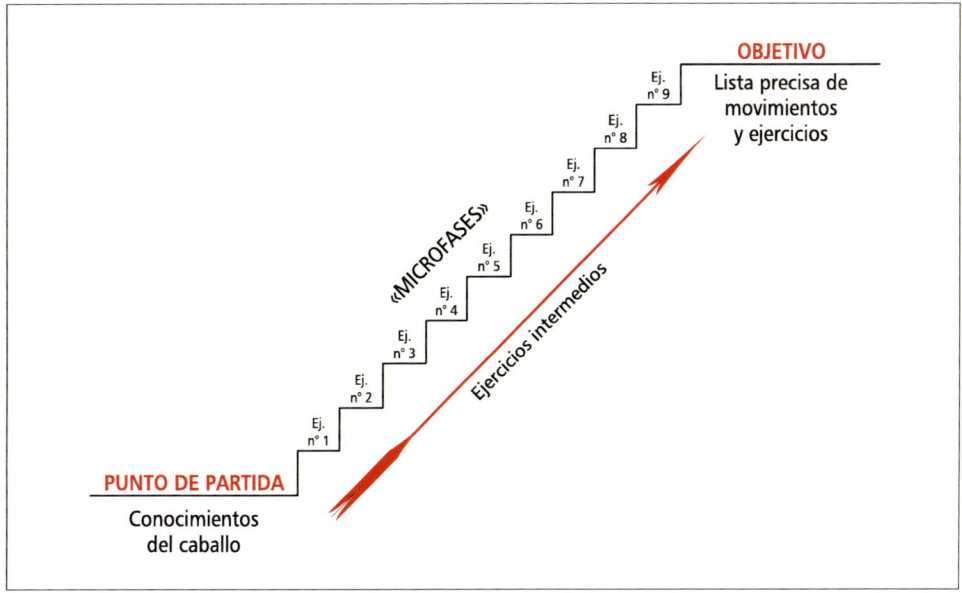

Punto de partida, microfases, objetivo
¡Aprender a no confundir el punto de partida con el objetivo me ha costado miles de kilómetros y un montón de dólares!
Antes de ir a ver a vuestro caballo, coged una hoja de papel y definid claramente los objetivos de la sesión que tenéis en mente; anotad a continuación el punto de partida: el lugar y los ejercicios que el caballo ya domina.
Descomponed a continuación las dificultades en microfases para dividir el aprendizaje en ejercicios fraccionados y progresivos.
*¡Recordad siempre que **si queréis que el caballo aprenda rápido, debéis explicárselo despacio**!*

para que los alumnos progresen hasta el objetivo final: propondrá una serie de ejercicios progresivos y repetirá las cosas importantes hasta que los alumnos las vayan asimilando poco a poco y sepan ejecutar perfectamente los ejercicios del programa.

De la misma manera, con nuestro caballo utilizaremos una estrategia de aprendizaje comparable que consiste en:

➤ Definir el **objetivo** de la sesión de aprendizaje: por ejemplo la lección del remolque.

➤ Definir el **punto de partida**: ejercicios que el caballo ya tiene asimilados. ¿Sabe caminar de la mano, ceder a la tracción del ronzal, hacer paso atrás…?

➤ Establecer una **estrategia de aprendizaje** que permita, gracias a ejercicios intermedios que yo denomino **microfases**, que el caballo progrese hacia el objetivo establecido.

Me permito insistir en un punto tan evidente porque desgraciadamente nos cuesta proceder de esta manera. Tenemos tendencia a confundir el objetivo con el

Algunos grandes principios

punto de partida y le pedimos al caballo directamente el ejercicio de fin de curso, lo que supone un fracaso, el origen de una frustración que desemboca a su vez en un conflicto y en ocasiones en episodios de violencia y accidentes.

Tomaremos como ejemplo el de un caballo que se niega a subir al remolque. Generalmente lo ponemos delante del remolque e intentamos que suba a la fuerza en vez de darle primero la lección del remolque (una vez en la vida, duración máxima: dos horas) que podría empezar a 50 metros del remolque con ejercicios básicos como caminar de la mano, ceder la cabeza, las caderas y las espaldas pasando sobre una tabla de madera o bajo una barra de obstáculo…

Todo caballo debe aprender a retroceder ante la «masa de aire» a partir de las cuatro fases sucesivas que le hemos inculcado. Esta yegua muestra tensión, no está dispuesta a retroceder con cabezada ni montada: sería peligroso forzarla a retroceder mediante el uso de medios de coacción.

La pedagogía de los cuatro tiempos: las cuatro fases

Si deseáis aplicar los principios descritos más arriba, es decir, tener un caballo ligero que responda a dos gramos de presión cuando se le pide, tenéis que enseñarle a ceder a la presión empleando siempre el mismo procedimiento. Se trata simplemente de descomponer la demanda en cuatro fases sucesivas y aumentar progresivamente la intensidad, de manera que el caballo se anticipe a las fases para conseguir así que responda cada vez antes. Todos los caballos saben anticiparse a los acontecimientos cuando se producen en una situación conocida: ¿Por qué entonces no utilizar de forma eficaz esta capacidad de anticipación?

En el recuadro de la página siguiente pongo un ejemplo de lo que se puede conseguir en la práctica:

➤ Quiero que el caballo aprenda a hacer paso atrás conmigo pie a tierra.
➤ Le pongo una cabezada de cuadra y una cuerda y me lo llevo a la pista de dar cuerda, a la pista grande o a cualquier otro lugar donde podamos movernos sin peligro.
➤ Cojo una fusta de doma y me aseguro de que el caballo no tenga miedo, pasándosela por todo el cuerpo y la cabeza (si se asusta, mirar la página 47, «Desensibilización»).
➤ Me pongo delante de él aproximadamente a un metro y empiezo el proceso de aprendizaje:

En general, en la fase 5 el caballo pega un bote: ¡Uf! ¡Se ha movido! En ese mo-

Algunos grandes principios

Fase 1: *A 2 metros de los anteriores y durante 3 segundos le pido que se desplace hacia atrás con la voz y golpeando el suelo con la fusta suave y rítmicamente.*

Fase 2: *Insisto con la voz y la fusta, pero esta vez golpeo un poco más fuerte y me pongo a 1'5 m de los anteriores durante 3 segundos.*

Fase 3: *Sigo insistiendo con la voz y aumento la intensidad y el ritmo: ahora golpeo con más fuerza y más cerca, a 1 metro aproximadamente durante 3 segundos.*

Fase 4: *Aumento nuevamente la intensidad de la voz y del gesto golpeando el suelo enérgicamente a 50 cm de los anteriores del caballo durante 3 segundos…*
Cuidado con los caballos agresivos (ver pág.69)

Fase 5: *Si el caballo sigue sin reaccionar, hago ver que lo voy a «matar virtualmente» golpeando el suelo con todas mis fuerzas a 3 cm de sus anteriores. ¡Debéis hacerlo con convicción! Tenéis que tener la intención de fulminarlo aunque no vayáis a tocarlo: podéis llegar a «matar» un caballo con una pluma y en cambio con una maza probablemente no lo conseguiríais… Entonces, ¿por qué pegarle? ¿Por qué tocarlo? El efecto será el mismo y lo que realmente cuenta es la intención.*

Cuidado con los caballos agresivos (ver pág. 69)

mento debemos acercarnos a él con calma, acariciarlo y felicitarlo por haber comprendido (al fin) el ejercicio. Incluso si estáis hechos una bola de nervios, debéis dominaros, retomar el control de vuestras emociones y bajar rápidamente el nivel de adrenalina; tenéis que ser capaces de fulminarlo en un segundo, e inmediatamente después felicitarlo sinceramente habiendo recobrado la calma y la serenidad por completo.

Si repito la escena empezando cada vez con la fase 1, hay muchas posibilidades de que el caballo reaccione antes de la fase 5, después antes de la 4, de la 3, etc. Lo haré hasta que aprenda a reaccionar en la primera fase a la más mínima inflexión de voz.

ATENCIÓN: Esta situación ilustra el comportamiento de un caballo «frío» que no se inmuta ni reacciona. Si en un momento dado el caballo reacciona y hace un paso hacia atrás, interrumpid inmediatamente cualquier acción y acariciadlo. Volved a empezar con las 4 fases imaginando fases más suaves, como por ejemplo:

➤ **Fase 1:** Me pongo delante del caballo, le miro los anteriores, hago la castañuela. Debe retroceder un paso, si no, paso a la fase 2.
➤ **Fase 2:** Mirada más insistente, castañuela, ligero desplazamiento de mis hombros hacia el caballo.

Si no hay respuesta:
➤ **Fase 3:** Mirada, castañuela, un paso hacia el caballo…
➤ **Fase 4:** Mirada, castañuela, avanzo hacia el caballo y me golpeo el muslo con la mano…

El nivel de reacción del caballo al principio de la lección no tiene importancia: el objetivo es conseguir mediante las fases sucesivas que el caballo se anticipe a la situación y aligerarlo para aumentar su capacidad de reacción hasta que una simple mirada o un soplo de aire basten para hacerlo reaccionar.

Lo más importante es no pasar directamente a la fase 5 porque muy rápidamente esta fase pasará a ser la fase 1, y una vez montados tendréis que matarlo a fustazos o espuelazos para conseguir que se mueva. Todos los grandes jinetes lo dicen: el caballo debe reaccionar al más mínimo soplo de la bota y la espuela sirve para afinar el movimiento y no para lastimar al caballo.

La ligereza empieza en el suelo: educad al caballo para que sea ligero con el sistema de las 4 fases y veréis cómo se transforma en un bailarín capaz de moverse sin traba alguna (¡Jenofonte ya lo decía!).

Aproximación/retirada

En la educación de nuestro caballo utilizaremos en todo momento estos conceptos, tanto en el trabajo pie a tierra como a caballo, para enseñarle a tolerar o a responder a un estímulo. Veamos algunos ejemplos:

Si me encuentro con un caballo muy miedoso que no deja que se acerquen a él en el prado, camino hacia él: si lo observo atentamente y veo que a 10 m de distancia empieza a pensar en alejarse, me paro inmediatamente y retrocedo 15 m, me acer-

Algunos grandes principios

Avanzo en su dirección y si veo que a 10 metros de distancia empieza a pensar en alejarse…

… me paro de inmediato, retrocedo hasta los 15 metros, me acerco a 13 metros, vuelvo a los 15 metros, me acerco a 11 metros, sigo…

… hasta que el caballo, a base de acercamientos y retiradas progresivos, aprende que la cosa que le asusta se va antes de tener que escapar de ella.

Algunos grandes principios

Hacer una bola con un impermeable para poder controlar el volumen, los movimientos y el ruido.

Repetir la misma operación de aproximación y retirada sucesivos hasta poder abrir totalmente el impermeable y agitarlo alrededor y por encima del caballo.

co a 13 m, retrocedo a 15 m, me acerco a 9'5 m, retrocedo, etc., hasta que el caballo, a base de sucesivos acercamientos y retiradas, aprende que la cosa que tanto le asusta se aleja antes de que haya tomado la decisión de salir huyendo. Todos los caballos son perezosos y si la cosa que les asusta se va antes de que se hayan movido para escapar, se quedan tan contentos. De igual manera, cuando domo potros, en la lección de la primera monta, monto y bajo inmediatamente varias veces seguidas para explicar al caballo que no hace falta que me «baje él» porque me puedo bajar yo sola.

Esto es lo que se denomina desensibilización.

Sensibilizar/desensibilizar

Es la trampa más frecuente en la que caen todas las personas que empiezan con los métodos denominados «etológicos». Sensibilizan a los caballos pensando que los están desensibilizando y a la inversa.

Es cierto que para un ojo inexperto estos dos ejercicios se parecen, cuando en realidad sus objetivos son diametralmente opuestos. Esto funciona de la siguiente forma:

➤ Para desensibilizar el caballo hay que mantener el estímulo mientras el caballo se mueve y suprimirlo cuando el caballo

Desensibilización

Nota. Si el caballo tiene miedo, antes de ponerle la silla o de montarlo hay que desensibilizarlo ante la variedad de objetos más diversa posible.

Empiezo por la cabeza y avanzo hacia el cuello y la espalda mediante acercamientos y alejamientos sucesivos, volviendo siempre a la cabeza.

Si descubro una zona más sensible, voy pasando la cuerda una y otra vez, al principio lo más rápidamente posible y voy aumentando progresivamente el tiempo de contacto.
Nota. Miro atentamente la expresión de la yegua para «leer» con anticipación sus reacciones.

Ahora estoy más cerca de los posteriores y la yegua parece totalmente tranquila con este ejercicio. Tengo que proceder de igual manera por el lado derecho.

deja de escapar. Si no tenéis los medios de vuestras ambiciones, es decir, si el caballo se escapa del objeto que le asusta o si retiráis el objeto en el momento en que se mueve, lo estáis sensibilizando al miedo.

➤ Por consiguiente, para sensibilizar al caballo hay que suprimir el estímulo cuando el caballo se mueve; de esta manera podemos sensibilizarlo a la pierna ejerciendo presión con la pantorrilla y aflojando en cuanto el caballo cede y se desplaza hacia delante.

Dicho de otro modo, pensad en una mosca: los caballos son sensibles a las moscas porque éstas se alejan en cuanto ellos se mueven.

Si queréis desensibilizar el caballo al impermeable para estar tranquilos cuando vais de excursión en caso de tormenta, debéis proceder de la siguiente forma:

➤ Ponedle una cabezada de cuadra y una cuerda y verificad que podéis controlar la cabeza, las caderas y las espaldas aplicando algunos gramos de tracción con la cuerda (ver el capítulo «El trabajo pie a tierra»). Haced una bola con el impermeable para poder, en un primer tiempo, controlar su volumen, sus movimientos y el ruido que hace.

➤ Coged la cuerda con la mano izquierda y desensibilizad el lado izquierdo por sucesivas aproximaciones y retiradas del objeto hasta que podáis tocar el caballo, frotadle la cabeza, el cuello y las espaldas: arregláoslas para no asustarlo demasiado y que no mueva las extremidades. Si dudáis, parad y retroceded para no darle tiempo a escapar. Si en un momento dado cometéis un error pidiendo demasiado y se mueve, seguid aplicando el mismo estímulo hasta que deje de escapar y parad inmediatamente en cuanto deje de moverse.

➤ Tenéis que repetir la misma operación de aproximación y retirada hasta poder abrir totalmente el impermeable, agitarlo a su alrededor y pasarlo por todas las partes de su cuerpo, incluidas la extremidades de los lados izquierdo y derecho.

➤ Cada vez que veáis que hace un esfuerzo para tolerar un grado más de dificultad sin moverse, retroceded y acariciadlo a modo de recompensa.

Recompensa/castigo

Personalmente no recompenso nunca al caballo dándole golosinas con la mano. La razón es muy simple: no necesito este truco porque puedo enseñárselo todo sin necesidad de recurrir a él. Mis caballos comen bien y la comida no es la motivación que quiero utilizar para conseguir que sus movimientos sean controlados. Los educo para que cedan a la tracción de la cuerda o de la rienda y no a la atracción de la zanahoria. Además, creo que esto crea una dificultad adicional, porque al cabo de cierto tiempo genera en el caballo sensaciones de frustración cuando le parece que la golosina tarda demasiado en llegar. Entonces, aprende a reclamarla y esta situación pasa a ser su única preocupación; espera la recompensa anticipadamente y deja de estar pendiente del ejercicio que se le quiere

Ceder a la tracción de la cuerda y no a la atracción de la zanahoria

El caballo tiene que aprender a ceder la cabeza en respuesta a la tracción de la cuerda.

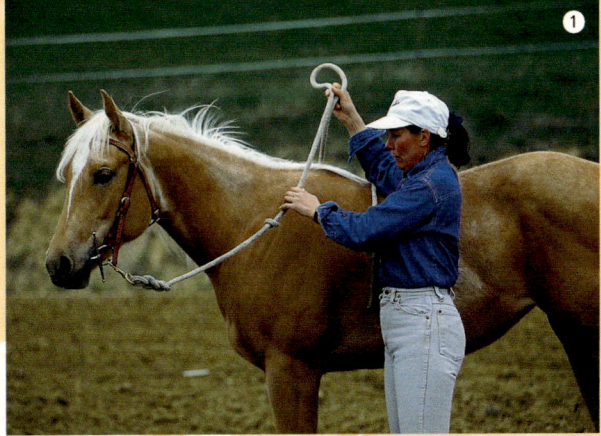

Es el caballo quien decide «hacer» el movimiento, no yo quien lo «tomo» por coacción.
Nota. Mi mano no cambia de lugar, simplemente pide el movimiento y el caballo mueve la cabeza.

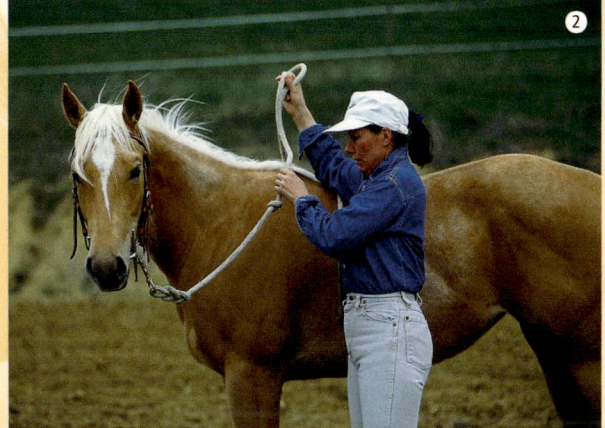

Para que gire la cabeza no necesito una zanahoria. La recompensa será la pausa, la interrupción del ejercicio.

Algunos grandes principios

enseñar. Si quiero darle manzanas o zanahorias, se las pongo en el comedero al final del trabajo.

Como recompensa utilizo las pausas que a veces van acompañadas de una caricia. La ventaja de la mano es que siempre la tengo a mi disposición, puedo hacer tantas caricias como quiera, en cambio con las golosinas no es así. Los caballos son sensuales y aprecian el contacto físico. Por cierto, a este respecto, me gustaría que alguien me diera una explicación seria sobre la moda de acariciar a los caballos dándoles sonoras palmadas. No debemos olvidar que los caballos son más sensibles que nosotros y que son capaces de sentir las moscas sobre su cuerpo…

En lo que respecta a la recompensa, la mejor recompensa posible para el caballo es la interrupción de lo que se le está pidiendo, es decir, la pausa. Cada vez que pido un ejercicio o un movimiento, primero pido, después espero y, en cuanto el caballo me lo da, cedo inmediatamente: la caricia refuerza el estímulo, pero lo que el caballo realmente aprecia, lo complace y lo aligera es la cesión. Una auténtica pausa con las riendas largas después de un ejercicio difícil es una recompensa que le anima a hacerlo mejor: ¡recordad siempre que todos son unos perezosos!

En cuanto al castigo, casi siempre está injustificado: yo parto del principio de que la culpa nunca es del caballo, sino

Algunos grandes principios

siempre mía. Si el caballo no hace lo que le pido es una prueba de que me he expresado mal. Si el caballo hace una tontería o un movimiento incontrolado, lo que ocurre es que he perdido el control.

Castigar es llegar tarde y reaccionar ante algo que ya forma parte del pasado. Los buenos profesores no castigan, porque castigar a un caballo que lo ha hecho mal no le enseña lo que tiene que hacer para evitar el castigo.

Conceptos útiles

Mantener el caballo ocupado

En vez de castigar, la mejor manera de remediar todos los problemas que tenéis con vuestro caballo es mantenerlo permanentemente ocupado. Cuando vayáis montados, de paseo o en la pista, esforzaos en tener un programa en la cabeza y concentraos en él: esto lo mantiene ocupado trabajando ejercicios concretos. Pedidle sin parar que se «aparte» y que efectúe determinados movimientos, porque así no tiene tiempo de holgazanear ni de pensar en otros caballos soltando relinchos, ni de asustarse de un tractor que pasa por el camino. De esta manera mantendrá su atención centrada en vosotros, su líder, y se olvidará de todo lo demás.

Por ejemplo: estáis montando a un entero caliente y fogoso, y estáis en la pista de calentamiento justo antes de una competición. Hay yeguas en celo y vuestra montura empieza a relinchar, se pone de manos, etc. ¿Qué hacer? ¿Castigarle? ¿Por qué no? Esto no me supone un problema, pero desgraciadamente sé por experiencia

Estáis montando un caballo entero caliente y fogoso justo antes de entrar en pista. Hay yeguas en celo alrededor vuestro...

que el castigo no dura demasiado porque el caballo se acostumbra a él y se desensibiliza, independientemente del tipo de castigo de que se trate.

¿Y entonces? El mejor método consiste en ponerse a hacer inmediatamente un ejercicio en concreto (un círculo pequeño, una espalda adentro...) que requiere vuestra concentración y obliga al caballo a moverse, a llevar a cabo un determinado número de movimientos controlados que le hacen estar pendiente de vosotros. Además, es una manera útil y positiva de calentarlo para la competición.

Actuar en vez de reaccionar

El castigo es una prueba de incompetencia porque llega como reacción a un movimiento incontrolado del caballo: el caballo actúa y el jinete reacciona (¡demasiado tarde!). Por el contrario, si el jinete actúa en todo momento y es él quien inicia el movimiento convirtiéndose en la parte actora, el caballo simplemente reacciona ejecutando el ejercicio: adquirís de esta manera la posición de liderato y el castigo pasa a ser innecesario.

¡Ser positivo!

Hay dos métodos educativos: el que consiste en castigar las tonterías y en decir permanentemente: «¡No hagas esto, no hagas lo otro!» y el que consiste en mantener al caballo ocupado en todo momento diciéndole: «¡Haz esto, haz lo otro!». Es lo que llamamos control del movimiento.

No debéis centraros en los problemas, sino concentraros en las soluciones. Se pueden ver las cosas de dos maneras:

1ª. Mi caballo es un maleducado y siempre está pensando en las yeguas: es idiota, por su culpa el recorrido me irá mal.
2ª. Mi caballo está lleno de energía: soy afortunado, sólo tengo que canalizar esta energía y transformarla en impulsión; ¡voy a ganar!

Los errores son útiles

No hay que tener miedo a equivocarse: es una manera de aprender más rápido. El arte de la doma no consiste tanto en aprender lo que hay que hacer, como en comprender lo que no debe hacerse. Hay que atreverse a probar cosas nuevas, a utilizar la imaginación y a aplicar ideas propias, incluso aunque éstas parezcan algo estrafalarias...

Si partimos de la base de que nadie es perfecto, hay que saber tolerar los errores del caballo: él también tiene derecho a aprender y comprender. Todo fenómeno de aprendizaje implica fases de regresión: hay que considerar que esto está dentro de lo normal y no caer en la ofuscación.

¡Adiós al miedo a equivocarse!

El miedo es útil y normal. John Lyons dice con frecuencia: «¡El miedo no es más que sentido común con disfraz!». No hay que avergonzarse por tener miedo a los caballos porque los que nada temen suelen ser personas peligro-

Algunos grandes principios

sas que ponen en riesgo a quienes tienen a su alrededor.

En cuanto a vosotros, los que tenéis realmente miedo, os daré un buen consejo: no se trata de aprender a controlar vuestro miedo, sino tan sólo los movimientos del caballo. Personalmente, si me encuentro metida en un vehículo que pone mi vida en peligro, me bajo. Haced como yo: nunca tengáis miedo de bajaros del caballo si no os sentís seguros sobre él. Trabajad pie a tierra hasta que podáis controlar cada uno de sus movimientos y montad únicamente cuando el caballo se muestre atento y tranquilo.

La sensación de controlar los movimientos del caballo os devolverá la confianza y, además, el hecho de empezar con ejercicios concretos mantendrá el cerebro ocupado, la atención centrada en algo positivo y os ayudará a controlar vuestras emociones.

La mecánica del caballo

Las tres partes principales: cabeza, caderas, espaldas

Para descomponer un movimiento de equitación de manera simple, hay que ser capaz de analizarlo de la manera siguiente:

¿Qué parte del caballo debe moverse?
¿En qué dirección?

Es fácil dividir el caballo en tres partes principales:

➤ cabeza
➤ caderas
➤ espaldas

Pongamos un ejemplo: quiero que mi caballo empiece un círculo al galope a

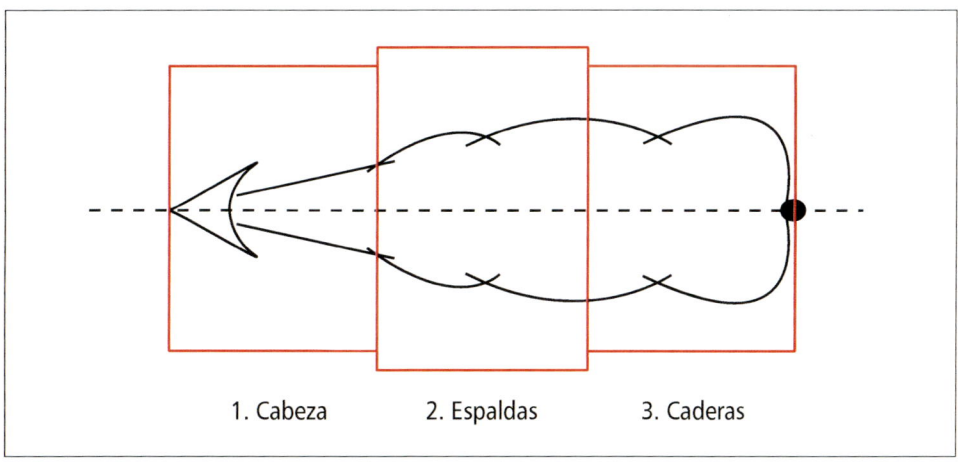

Tres partes principales, seis direcciones
Si sabéis descomponer cada movimiento de equitación analizando en qué dirección debe moverse cada una de las tres partes: cabeza, caderas o espaldas, entonces todo se vuelve mucho más fácil.

Algunos grandes principios

Cada una de las partes debe moverse en una de las seis direcciones siguientes:

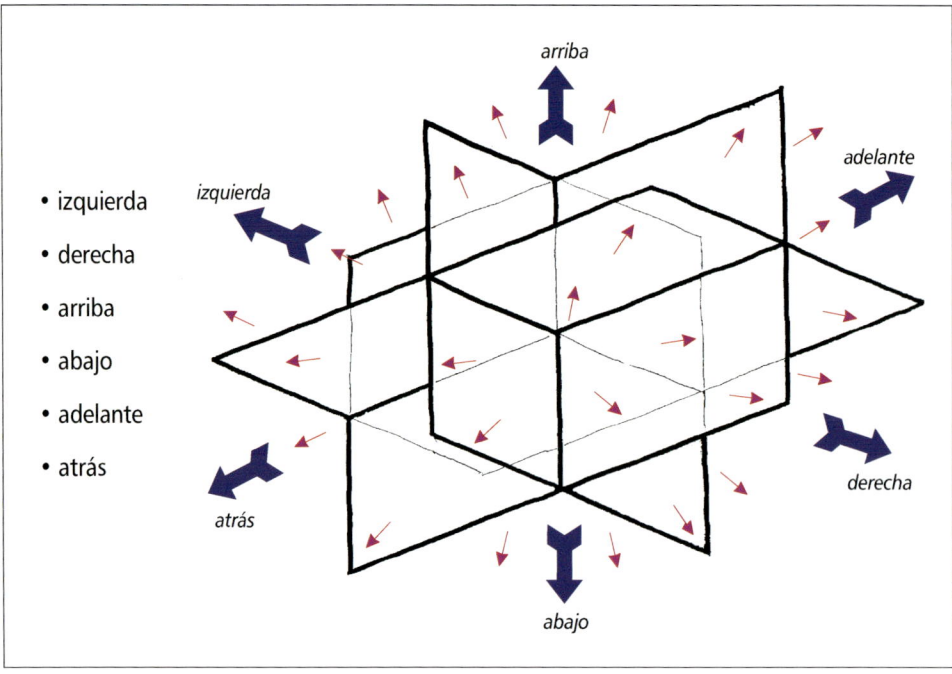

- izquierda
- derecha
- arriba
- abajo
- adelante
- atrás

... con, evidentemente, la infinidad de combinaciones intermedias.

mano izquierda; descompongamos el movimiento de manera simplificada:
➢ en primer lugar parte el posterior derecho,
➢ a continuación el diagonal derecho (anterior derecho y posterior izquierdo),
➢ en último lugar el anterior izquierdo.

Para dar la ayuda (dejo que el caballo principiante se atraviese ligeramente para facilitarle el ejercicio):

➢ retraso la pierna exterior derecha para llevar las caderas del caballo ligeramente hacia la izquierda;
➢ presiono con la pierna interior izquierda a la altura de la cincha para dar impulsión, pero también para incurvar el caballo e impedir que la espalda izquierda se caiga hacia el interior;
➢ sostengo la espalda izquierda con la rienda interior izquierda y la levanto, y la desplazo ligeramente hacia la derecha;
➢ coloco la nariz ligeramente hacia la izquierda.

Si consigo mover cada una de las partes del caballo, cabeza, caderas y espaldas, en la buena dirección, el caballo estará en la posición mecánica ideal para partir al galope sobre el pie correcto.

Algunos grandes principios

El arte de la equitación consiste en mover cada una de las partes del cuerpo del caballo con ayudas lo más discretas posible. Educar al caballo consiste en enseñarle a ceder a la presión en las tres partes principales del cuerpo: la cabeza, las caderas y las espaldas.

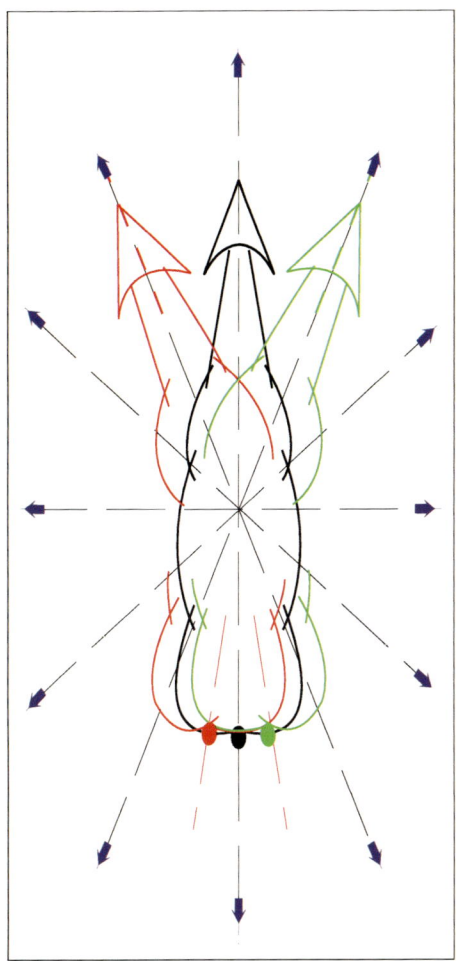

Imaginad la infinidad de soluciones posibles:
Si combinamos las diversas incurvaciones posibles con la infinidad de direcciones, tendremos una imagen de la variedad de los movimientos posibles en equitación: por lo que se ve en el dibujo, se puede hacer una infinidad de ejercicios además de los escasos movimientos que recoge la equitación tradicional.

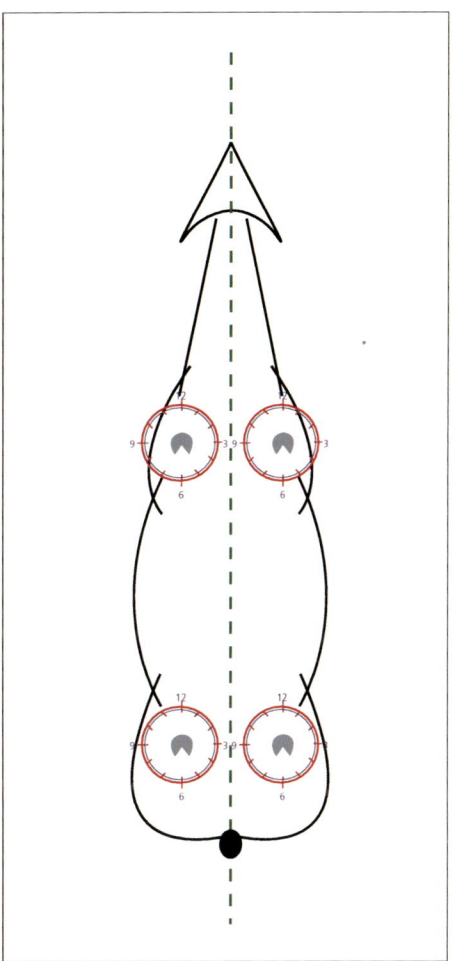

Colocad bajo cada extremidad un péndulo virtual:
Para ayudaros a simplificar cada desplazamiento, imaginad que bajo cada extremidad hay la esfera de un reloj virtual: esto permite descomponer cada uno de los movimientos (espaldas adentro, apoyo, cesión a la pierna, paso atrás...) mediante un esquema muy sencillo. Haceos la siguiente pregunta: «¿Hacia qué hora debe desplazarse la extremidad?»...

La cabeza

Sea cual sea el ejercicio que queráis realizar, en libertad, pie a tierra o a caballo, empezad siempre por educar la cabeza: en el caballo, la huida física es siempre previamente una huida mental. En caso de sorpresa y miedo, los ojos y el cerebro registran todos los datos y ordenan la huida antes de que el caballo haya empezado a moverse. En el primer capítulo hemos hablado de la transformación de la huida en movimiento controlado, que es el fundamento de toda equitación.

La cabeza y la mirada son el centro que rige la atención, las emociones y la toma de decisiones. Muchos caballos, incluso bien domados, se niegan a ceder a la presión de las manos en la cabeza, lo que es indispensable si queremos que el caballo ceda a la mano mediante las riendas.

Las caderas

Las caderas son el motor del caballo, la fuente de la impulsión. No debemos olvidar que el caballo funciona mediante la propulsión de su parte posterior y no por tracción de la anterior. Y para proseguir con la analogía con un vehículo, también podemos decir que las caderas son el freno y el acelerador.

Para avanzar el caballo debe empujar mediante el tercio posterior, pero también debe utilizarlo para parar si queremos que se pare con impulsión y reunión.

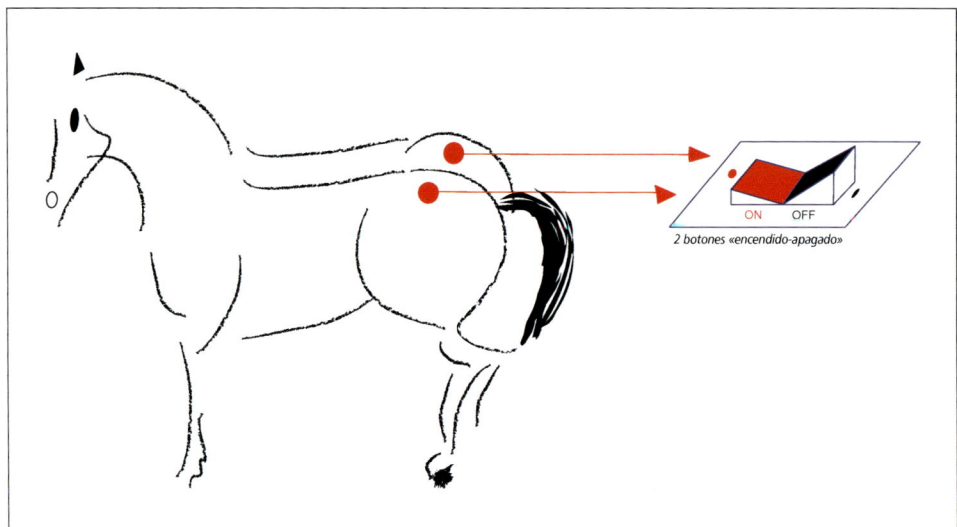

Interruptores de «puesta en marcha/parada»
El caballo se mueve mediante la propulsión de su parte posterior y no por tracción de la anterior: las caderas son el acelerador y el freno. Ocurre lo mismo que en muchos aparatos, en que un solo botón se puede poner en posición «ON» y «OFF».

Algunos grandes principios

Muchos caballos, incluso bien domados, se niegan a ceder a la presión de la mano en la cabeza.

Un problema en la espalda se resuelve mejorando el funcionamiento de la cabeza y las caderas. Enseñáis al caballo a ceder a la altura de la cabeza y a flexionar el cuello y le enseñáis a empujar con los posteriores.

Con cada ojo ve una imagen diferente. Esto explica que un objeto o un movimiento percibido por el ojo izquierdo que aparece bruscamente en el campo de visión del ojo derecho pueda asustarlo.

Las espaldas

Cuando hablamos de un caballo reunido describimos un caballo cuyo tercio anterior se ha aligerado gracias al remetimiento de los posteriores bajo la masa.

Las espaldas están entre la cabeza y las caderas; sólo pueden funcionar a la perfección si la cabeza y las caderas lo hacen, es decir, si ambas ceden a dos gramos de presión.

La mayor parte de las veces, un problema de espaldas se resuelve mejorando el funcionamiento de la cabeza y las caderas. Los caballos que, por ejemplo, se caen sobre la espalda interior, al girar lo hacen como un tablón o como una moto. Si les enseñáis a ceder la cabeza, a flexionar el cuello y a empujar con el tercio posterior, resolveréis el problema de la espalda.

La visión: lado izquierdo, lado derecho

El caballo no tiene la misma visión que nosotros, ve una imagen diferente con cada ojo. Esto explica que un objeto o un movimiento percibido con el ojo izquierdo que aparece bruscamente en el campo de visión del ojo derecho lo perturbe o lo asuste.

Por lo tanto, en todos los ejercicios, incluso el de la monta, siempre debemos desensibilizar el lado izquierdo y el derecho de la misma manera.

Muchos caballos son «asimétricos» simplemente porque los han trabajado más de un lado que del otro. A veces el equilibrio se restablece de forma sorprendente desensibilizando el lado olvidado.

Educación física más que psicología

Hemos hablado de etología y ahora hablaremos de educación física. Debemos permanecer en una realidad concreta y no perdernos en un mar de conceptos abstractos.

Creo sinceramente que los problemas «mentales» y de comportamiento de los caballos se resuelven «reparando» su mecánica y mejorando su funcionamiento físico. Me niego categóricamente a creer en una «psicología equina» que explica tal o cual reacción del caballo mediante el recurso a aventuradas interpretaciones. El pasado del caballo no importa porque por definición el pasado, pasado está. Lo que cuenta es el futuro y…

… todos los caballos sin excepción pueden aprender y cambiar de comportamiento si hacemos el esfuerzo de ayudarles a comprender…

Por lo tanto, he decidido ser claramente «mecanicista» en vez de ser «comportamentalista»

Las «rigideces»

Con frecuencia oímos decir: «Mi caballo está rígido», sobre todo cuando se habla de un caballo que tiene tendencia a girar como una moto. Curiosamente, cuando en el flanco de ese mismo caballo se posa una mosca, ese mismo caballo no tiene ninguna dificultad para flexionar el cuello completamente y echarla con la nariz. Otro que supuestamente tiene la nuca «rígida» no tendrá ningún problema para aplastar con el mentón un tába-

Los caballos «rígidos»

Todo caballo debe aprender a ceder a la mano del jinete en vez de apoyarse en ella: es un comportamiento aprendido y no un comportamiento natural.

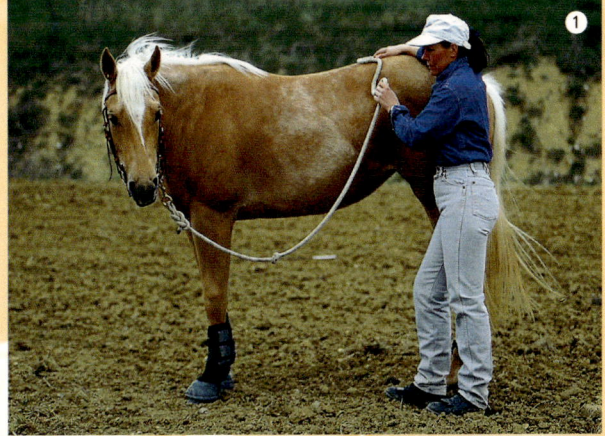

La cabeza debe permanecer girada mientras yo siga pidiéndoselo.

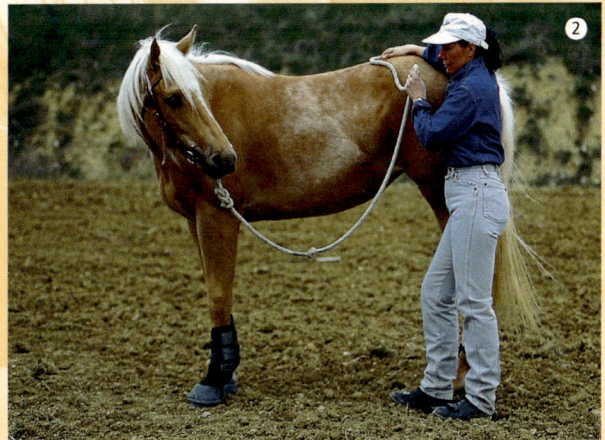

Los caballos «rígidos» saben girar la cabeza para espantar a una mosca, rascarse o mirar hacia atrás: enseñadles a «dar» la cabeza en vez de ir en contra de la mano del jinete.

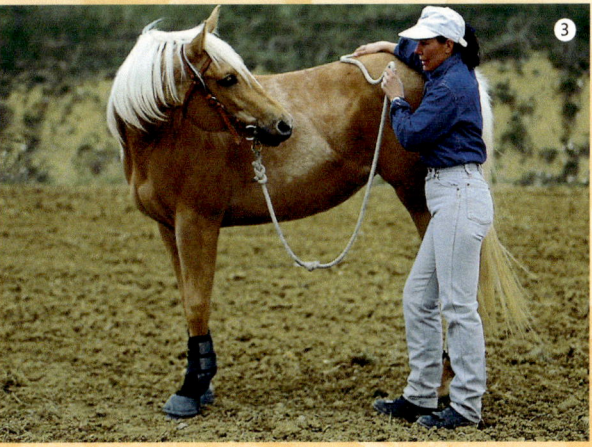

Algunos grandes principios

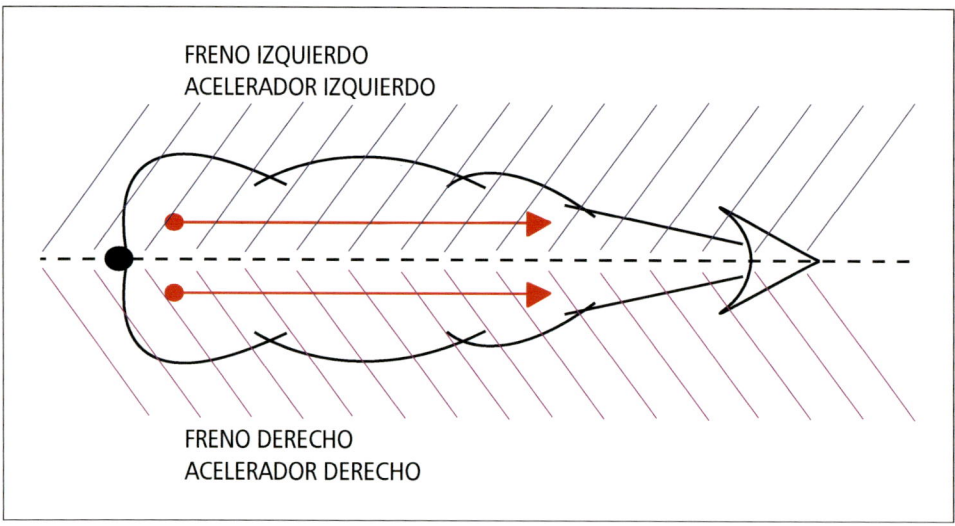

Freno derecho/freno izquierdo – Acelerador derecho/acelerador izquierdo
En el caballo toda la propulsión sale del tercio posterior y las caderas hacen las veces de acelerador y de freno. Para que nuestro caballo vaya recto y pare recto es fundamental que eduquemos ambos lados por separado.

no que tiene en el pecho. En el caso de la mosca, el caballo «actúa», realiza el movimiento y está suelto. En cambio, cuando el jinete quiere girar la cabeza con las riendas, se contrae: no está «rígido», pero va en contra del movimiento.

Hemos visto que se trata de un reflejo natural y nuestro trabajo de educador consiste en enseñarle a actuar de forma distinta cediendo a la presión.

Para evitar las manifestaciones de oposición lateral, tenemos que educar los lados izquierdo y derecho por separado, poniendo especial atención en trabajar sobre todo el lado más difícil para no acentuar la disimetría natural que existe en la mayor parte de los caballos.

Más adelante, nuestro objetivo final en equitación será la «rectitud» de los aires, pero antes de poder galopar o dar un paso atrás con el caballo perfectamente «recto», tenemos que tener un perfecto dominio de ambos lados.

«Enseñar a andar en línea recta consiste en enseñar a controlar las espantadas a derecha e izquierda» J. Lyons

Todos los ejercicios descritos en los capítulos siguientes han sido concebidos para ayudar al caballo a comprender cómo adquirir un buen equilibrio y responder a las ayudas del jinete con ligereza…

El tipo de problema que tengáis con vuestro caballo no tiene gran importancia: no debéis centraros en las causas, sino establecer unos objetivos concretos,

Algunos grandes principios

haced una lista de ejercicios prácticos que el caballo tiene que aprender y poneos a trabajar. Os aseguro que si el caballo aprende a hacer todos los ejercicios descritos en este libro, no tendréis ningún problema de comportamiento. Existen miles de ejercicios y de combinaciones diferentes, así que ¡no dudéis en inventar otros ni en ser creativos!

La base de todos estos ejercicios es el funcionamiento mecánico de la cabeza, las caderas y las espaldas: desmontad al caballo en tres partes, reparad cada una de ellas por separado enseñándole a ceder a la presión, disociad cada elemento para poder asociarlo posteriormente en movimientos combinados. Ahí reside toda la simplicidad del método propuesto.

«Hacer que las cosas sean fáciles» es generalmente más difícil que complicarlas, pero al menos todo el mundo es capaz de conseguirlo.

Capítulo 4

El trabajo en libertad

¿Qué es el trabajo en libertad?

«Lección n.° 1»

Para mí el trabajo en libertad es la base, es decir, los cimientos de todo el edificio que constituye mi relación con el caballo.

Es lo que con frecuencia denomino la «lección n.° 1»:

*Tiene lugar una sola vez
en la vida del caballo*

y me lleva de media entre una y dos horas. Es una verdadera lección, con un programa de ejercicios muy concretos.

Todo caballo que ha pasado por este programa de trabajo en libertad se comportará siempre de manera radicalmente diferente en relación con un caballo que nunca haya recibido la «lección n.° 1».

Por mi parte, independientemente del caballo que me traigan, empiezo siempre con la lección n.° 1, incluso si es un caballo de doma clásica de nivel Gran Premio, porque están en juego mi propia seguridad y la del caballo.

El objetivo del trabajo en libertad es aprender a controlar los movimientos del caballo con total seguridad.

ATENCIÓN: Ante todo, debéis saber que no se trata de llevar al caballo a una pista de dar cuerda para hacerlo correr hasta que se agote. Se le puede hacer girar así días y días y lo único que se consigue de esta manera es mejorar su resistencia, lo que nos obliga a hacerlo girar cada vez más rato hasta el día en que al cabo de dos horas aún sigue sin cansarse…

Nota. A lo largo del libro la expresión «trabajo en libertad» hace referencia a este programa de ejercicios de la lección n.° 1.

Ejercicio 1 – «Aparta»

Esta yegua árabe tiene tendencia a asustarse y a invadir mi terreno. Le pido primero con educación que se aparte de mí. A la vista está que esto no le parece bien, porque intenta intimidarme echando las orejas hacia atrás con la intención visible de echarme.

Reacciono inmediatamente y me comporto como un caballo dominante; embisto literalmente para conseguir que se escape. Observad su actitud de sorpresa: seguro que es la primera vez que un bípedo impone su ley y está muy extrañada.

Fijaos en su actitud: ya veis que no simulo. En estos casos hay que ser totalmente sincero: pegar a un caballo irritado no sirve para nada, pero liberar suficiente energía como para hacer que se desplace sin tocarlo es absolutamente necesario, si queréis obtener resultados.

Ejercicio 1 – «Aparta» (cont.)

Cuando estáis en presencia de un caballo agresivo que invade vuestro espacio, no retrocedáis. Tenéis que ser capaces de «matarlo» virtualmente (insisto: ¡sin tocarlo!) y bajar vuestro nivel de adrenalina a cero al instante para ir a acariciarlo.

No tengo por qué acercarme: mis pies no se mueven; es la yegua quien debe «apartarse». Éste es el primer elemento de la cadena,
el primer eslabón de la educación sin el cual todo lo demás no es más que literatura…

La yegua ha entendido el mensaje: el lenguaje utilizado le es familiar porque es el lenguaje de la manada. Se comporta como un caballo dominado y se escapa.
¡Ha aprendido a respetar mi espacio vital!

ATENCIÓN CON LOS CABALLOS AGRESIVOS (pág. 69)

El trabajo en libertad

¿Trabajo o patio?

Muchas personas pretenden trabajar los caballos en libertad en una pista redonda, cuadrada, en un prado... Dejan que el caballo se mueva a su alrededor en libertad, sin cabezada ni cuerda y lo dejan pasear, botarse o galopar sin objetivo alguno...

Si bien resulta muy espectacular, esto no es trabajar, sino dejar que el caballo juegue libremente. Yo no tengo nada en contra porque encuentro que dejar el caballo en libertad en una pista, un cercado o un campo para que se desahogue es una excelente idea. Sin embargo, en un caso así yo me quedo fuera del espacio de juego del caballo porque no quiero de ninguna manera que crea y aprenda que no controlo sus movimientos.

El trabajo en libertad no consiste en dejar dar saltos al caballo libremente. Al contrario, queremos evitar a toda costa que haga movimientos incontrolados en nuestra presencia.

ATENCIÓN CON LOS CABALLOS AGRESIVOS
Si vuestro caballo tiene tendencia a venir a la carga hacia vosotros, empezad por la «lección n.º 1» permaneciendo dentro de la pista de dar cuerda y enseñadle primero a «apartarse».

Ejercicio 2 – Hacer que el caballo se mueva

Poneos en el centro de la pista claramente por detrás del eje de las caderas (ver la figura de la página 95) y pedid al caballo que se ponga al trote; para ello podéis utilizar una cuerda, una tralla o cualquier otra cosa que sirva como prolongación del brazo. Para algunos caballos miedosos o calientes con los brazos basta.
Si el caballo tiene tanto miedo que se pone a girar como una peonza a pleno galope, intentad hacerlo cambiar de dirección varias veces y haced que ralentice desplazándoos hacia las espaldas.
Si veis que se puede tirar hacia la valla, salid de la pista inmediatamente y esperad que se calme (me explicaron la historia de un caballo que estuvo corriendo desaforado en una pista hasta que le dio una ataque de apoplejía).

Recordad que nuestro objetivo no es cansar al caballo, sino aprender a controlar sus movimientos. Si por el contrario tenéis un caballo difícil de mover, armaos de paciencia y energía y utilizad las cuatro fases (ver la página 42) y sobre todo interrumpid de forma inmediata vuestra acción en cuanto el caballo comprende que lo que tiene que hacer es moverse.
Si agitáis la tralla permanentemente, lo desensibilizaréis.
Yo siempre prefiero empezar la lección al trote corto para hacerme una idea del tipo de caballo con el que voy a trabajar y para que pueda calentar la musculatura y las articulaciones.

Ejercicio 2 – Hacer que el caballo se mueva (cont.)

Al principio, avanzad con un paso dinámico y desplazaos trazando un círculo de 3 a 6 metros de diámetro aproximadamente. No os acerquéis demasiado a los posteriores: todos los caballos pueden cocear, sobre todo si descubren, a veces por vez primera en la vida, que un ser humano puede obligarles a «¡apartarse!».

Si habéis decidido por ejemplo empezar a mano izquierda, como en esta foto, y vais a mantener el mismo aire durante dos o tres vueltas, verificad que el caballo no aminore la marcha, ni se pare, ni cambie de dirección. Dicho de otro modo: debe girar en círculo con un aire regular resuelto y sin pensar en otra cosa. Esto será un indicativo de que sois capaces de controlar la primera etapa.

En efecto, en esta fase, no controláis gran cosa; no podéis por ejemplo, mantener el caballo inmóvil pendiente de vosotros.
En cambio, sí podéis obligarle a MOVERSE y éste es precisamente vuestro primer objetivo:
Muévete en la dirección y el aire que te indique.
Provocando esta huida, dais el primer paso imprescindible para el resto de la cadena de aprendizaje del caballo. Pasáis a ser el líder de la manada que formáis con él y poco a poco, a lo largo de esta lección n.° 1, aprenderéis a transformar la huida provocada en movimientos controlados cada vez más complejos.

El trabajo en libertad

> **ATENCIÓN: «CABALLOS AGRESIVOS»**
> *Al trabajar en libertad con un caballo agresivo hay que tener especial cuidado en no provocarlo con un lenguaje corporal demasiado violento. Las cosas deben pedirse con firmeza, pero «con educación» y siguiendo siempre una progresión. Los caballos que tienen tendencia a embestir y morder os atacarán a la velocidad del rayo si no sois capaces de dosificar vuestra energía…*

TRABAJO EN LIBERTAD

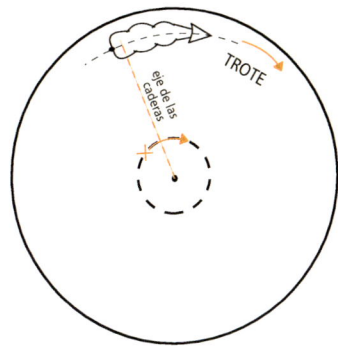

Trote a mano derecha:
El jinete se desplaza en círculo permaneciendo siempre en el eje de las caderas para empujar el caballo hacia delante.

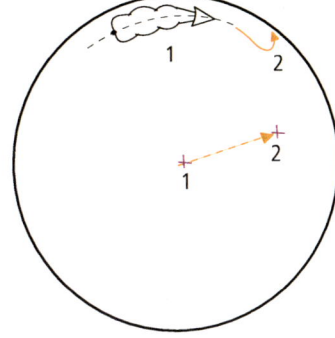

Cambio de dirección hacia el exterior o rollback:
El jinete debe desplazarse rápida y decididamente hacia las espaldas empujando virtualmente el caballo hacia la valla.

Cambio de dirección hacia el interior:
El jinete debe eclipsarse de forma rápida y decidida para aspirar virtualmente el caballo hacia él.

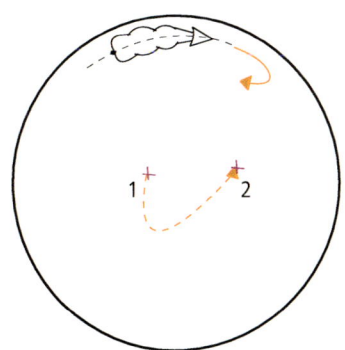

Ejercicio 3 – Cambio de dirección hacia el exterior o *rollback*

Camino en círculo decididamente y, de repente, me desplazo lateralmente hacia la espalda del caballo cortándole el paso para hacerle cambiar de dirección.

Para hacer trotar el caballo en círculo, dirijo la mirada hacia la grupa para «empujar» virtualmente el tercio posterior. En el cambio de dirección, dirijo la mirada bruscamente hacia la punta de la nariz del caballo para empujarlo hacia la valla.

Para empujarlo, tengo que desplazarme con rapidez por una línea imaginaria que corta la trayectoria del caballo reduciendo el espacio que hay entre nosotros. Tengo que anticiparme lo suficiente para que tenga tiempo material para dar media vuelta.

Si por casualidad he calculado mal mi velocidad o trayectoria y el caballo parece querer pasar a toda costa, lo dejo pasar y vuelvo a empezar en la vuelta siguiente. ¡Mucho cuidado porque el caballo puede decidir embestir o saltar la valla si lo presionáis demasiado en un mal sitio!

El trabajo en libertad

El control del movimiento

Pocas personas controlan realmente todos los movimientos de sus caballos en libertad. En la «lección n.° 1», el caballo debe obedecer a la más mínima indicación gestual o vocal del jinete, moverse con fluidez y soltura además de realizar todos los movimientos que se le piden, tanto si éstos son sencillos como si son complejos.

Este trabajo permite establecer un lenguaje, una comunicación entre el caballo y nosotros mismos y controlar sus movimientos a fin de poder evolucionar con él por la pista con total seguridad.

Esto no excluye en ningún caso el concepto de juego porque este trabajo se desarrolla de una forma lúdica, agradable y divertida para el caballo y el jinete. Además, esta lección n.° 1 constituye un auténtico plan de trabajo con objetivos muy claros y una progresión organizada.

Debe parecer un ballet bien orquestado en el cual el caballo escucha y comprende el lenguaje del jinete.

La lección n.° 1 permite enseñar al caballo el «alfabeto» del comportamiento con el hombre.

En el trabajo en libertad el caballo debe aprender a evolucionar por la pista con fluidez y soltura, realizando las figuras que se le indica al igual que más adelante cuando vaya montado y bajo el control del jinete.

Ejercicio 4 – Cambio de dirección hacia el interior

El caballo se mueve en un círculo y yo camino con determinación. De repente, me voy hacia un lado para «aspirarlo» y hacer que gire hacia el interior de la pista.

Al principio su trayectoria parece una media vuelta en la que yo debo eclipsarme para dejarle más espacio para girar. En este movimiento me desplazo ligeramente hacia atrás y hacia un lado. Mientras que en el «rollback», me desplazo hacia delante y hacia un lado.

Para el giro hacia el interior tenéis que intentar «aspirar» la cabeza del caballo: en cuanto veáis que empieza el movimiento hacia el interior del círculo, debéis concentraros en la espalda exterior (la espalda izquierda en la foto) e intentar hacerla girar hacia la derecha.

Al más mínimo intento, es importante que tengáis la habilidad de medir vuestros gestos inmediatamente y de dejarle pasar sin hacer nada más para que el ejercicio le resulte agradable. Hay caballos a los que al principio les cuesta entender este ejercicio y si presionáis demasiado pueden ponerse agresivos.

ATENCIÓN
Este ejercicio no es aconsejable con caballos con tendencia a la agresividad hasta que no estén perfectamente bajo control, porque esto puede darles la idea de embestir.
Nota. Si os cuesta conseguir el cambio de dirección hacia el interior al trote, hacedlo a cámara lenta, al paso; descomponed vuestros gestos y cada vez que el caballo intente cambiar hacia el exterior, cortadle el paso lo más rápidamente posible para volver a ponerlo en el círculo. Después de haber intentado hacer cambios de mano sin éxito, probará algo diferente. El principio utilizado para el cambio de dirección hacia el interior es el paso brusco de una presión a una depresión que provoca la «aspiración» del caballo hacia el interior.

El trabajo en libertad

¿Por qué el trabajo en libertad?

La seguridad

Ningún otro método aparte del trabajo en libertad permite trabajar todo tipo de caballos con plena seguridad para ambos. Yo misma trabajo cientos de caballos cada año con este método que me permite resolver cualquier clase de problemas, independientemente de la raza, edad, sexo o nivel del caballo, burro o mula…

En efecto, cuando trabajamos el caballo con el ronzal o la cuerda vamos unidos a él, y no controlar perfectamente sus movimientos supone que estamos más en sus manos que él en las nuestras. Muchos caballos son peligrosos cuando van de la mano porque no han recibido una buena educación.

Cuando vamos montados el problema empeora considerablemente y hay muy pocos jinetes capaces de controlar los movimientos de un caballo muy difícil. En cualquier caso, como yo no me encuentro entre ellos, siempre parto del principio de que la más inocente de las patadas puede hacer que acabe por los suelos.

Cuando trabajo en libertad me pongo lejos del caballo durante toda la primera parte de la lección n.º 1, hasta que estoy segura de poder controlar sus movimientos a distancia. Cuanto más controlo sus movimientos, más afirmo mi posición de liderato, y cuanto más afirmo esta posición, más cerca tengo el caballo de mí porque consigo que se sienta bien a mi lado.

Una vez que el caballo ha aprendido a estar totalmente tranquilo en nuestra

Un caballo que no sois capaces de controlar con el ronzal os tiene tan cogidos por éste como vosotros creéis tenerlo a él.

Ejercicio 5 – Control de la parada, la mirada y el nivel de atención

Para pedir una parada, quedaos inmóviles en el centro del círculo y esperad.
Con un caballo perezoso, el simple hecho de dejar de hacer que se mueva es suficiente para que se pare. Si no ocurre nada, desplazaos ligeramente hacia delante para estar por delante del eje de la espalda para frenarlo y quedaos quietos. Al pedir la parada es importante no gesticular. ¡Recordad siempre el lenguaje corporal! El caballo es un imitador de vuestros movimientos.
En caso de estar con un caballo muy miedoso y huidizo, podéis conseguir la parada repitiendo varios cambios de dirección hacia el exterior hasta el momento en que podáis «bloquearlo» con la nariz hacia la valla, impidiéndole que se dirija hacia uno u otro lado.
No utilicéis la palabra «whoah» hasta que el caballo no haya aprendido a parar y hasta que no estéis totalmente seguros de que se va a parar, porque si decís «whoah» y el caballo sigue avanzando, lo que estáis haciendo es enseñarle que esa palabra no significa nada.

Una vez parado, esperad unos segundos inmóviles: en general, si antes habéis trabajado correctamente los cambios de dirección, el caballo, sorprendido por este momento de pausa, os mirará con curiosidad a la espera de una nueva orden. Esto es exactamente lo que queréis: atraer su atención.
A continuación, tenéis que repetir el ejercicio varias veces llamándole la atención con la voz cada vez que gira la cabeza en otra dirección. Lo que queréis es crear un reflejo condicionado de tal manera que cada vez que entienda la castañuela o el «muac», su primer movimiento sea girar la cabeza y miraros. Si la voz no basta, me doy golpecitos en el muslo con el lazo para llamar su atención.

compañía y ha decidido quedarse con nosotros sin tener que obligarlo, podemos decir que tenemos la suerte de poder sentirnos seguros a su lado o montados. En cambio, si el caballo intenta rehuir la situación en la que se encuentra por todos los medios, es muy posible que se produzca un accidente de un momento a otro.

Un caballo que tira del ronzal, sube al remolque al galope, bota como una cabra o simplemente no se está quieto cuando lo cepillan o en el momento de subirse a él es un caballo que se encuentra incómodo en esas situaciones. Se comporta de esa manera porque intenta acabar con esa incomodidad, y ese comportamiento es muy peligroso.

Instaurar una relación

La práctica del trabajo en libertad con cualquier tipo de caballo permite instaurar una relación de confianza y respeto mutuos. Cualquier caballo, por muy asustadizo que sea, poco a poco va dejando de tener miedo y empieza a acercarse a nosotros con total confianza. Cualquier caballo, por más agresivo que sea, aprende a «apartarse» y a respetarnos como su líder. Cualquier caballo, por muy autista que sea y por mucha falta de reacciones, de interés y de ganas de colaborar que tenga, irá saliendo poco a poco de su caparazón y aceptará dedicarnos alguna mirada y un poco de atención...

En ese momento el caballo deja de ser una presa y se transforma progresivamente en un compañero atento y generoso que escoge permanecer a nuestro lado

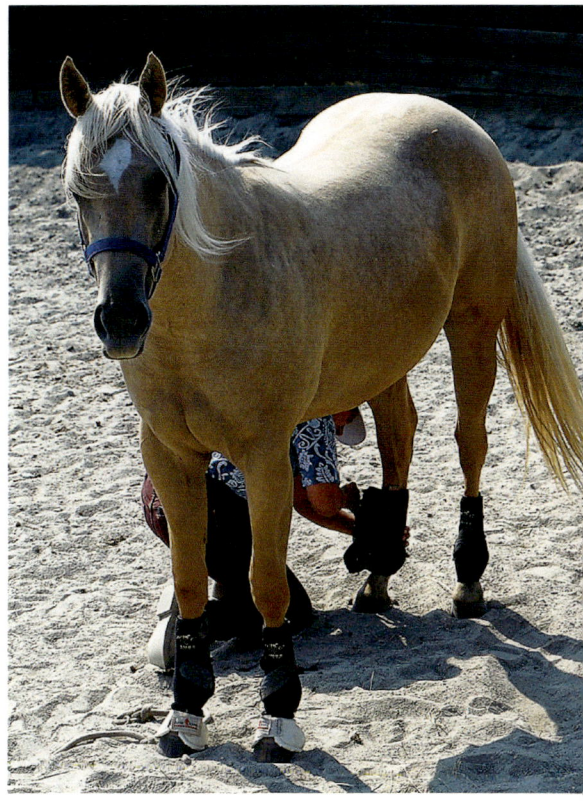

Esta yegua no intenta evitar la situación en la que se encuentra. Durante los preparativos se queda tranquila sin sujeción alguna.

con total serenidad y sin ningún tipo de coacción.

Crear un lenguaje: comunicarse

El trabajo en libertad nos permite definir las herramientas de comunicación que van a permitir hacernos entender con el caballo. La voz y el lenguaje corporal nos sirven para indicar al caballo el movimiento que debe hacer. Según el lugar en que nos coloquemos en relación con él, la rapidez de nuestros desplazamientos y los

Ejercicio 6 – Control de la cabeza

Una vez parado el caballo tiene que aprender a girar la cabeza hacia un lado flexionando el cuello. Empezad poniéndoos casi delante de él y desplazaos hacia un lado intentando aspirar la cabeza hacia vosotros. Utilizad la voz y retroceded ligeramente. Si el caballo quiere volver a poner la cabeza en el eje, llamadle la atención nuevamente dando golpecitos en el muslo con el lazo.

La yegua gira la cabeza hacia mí y me mira con los dos ojos. Me presta atención, está tranquila y parece comprender el ejercicio. Parece que llevo una cuerda invisible en la mano, que basta para dar una indicación clara del movimiento a efectuar.
El caballo no debe mover los pies y debe seguirme con la mirada girando la cabeza cada vez más a medida que me voy desplazando.

Ejercicio 7 – Control de las caderas

Esta vez mi objetivo es desplazar los posteriores hacia un lado sin que la potra deje de mirarme. Más adelante este ejercicio servirá como base de trabajo para la parada de emergencia (ver la página 134). Aquí utilizo nuevamente la voz y si resulta necesario doy golpecitos con el lazo.

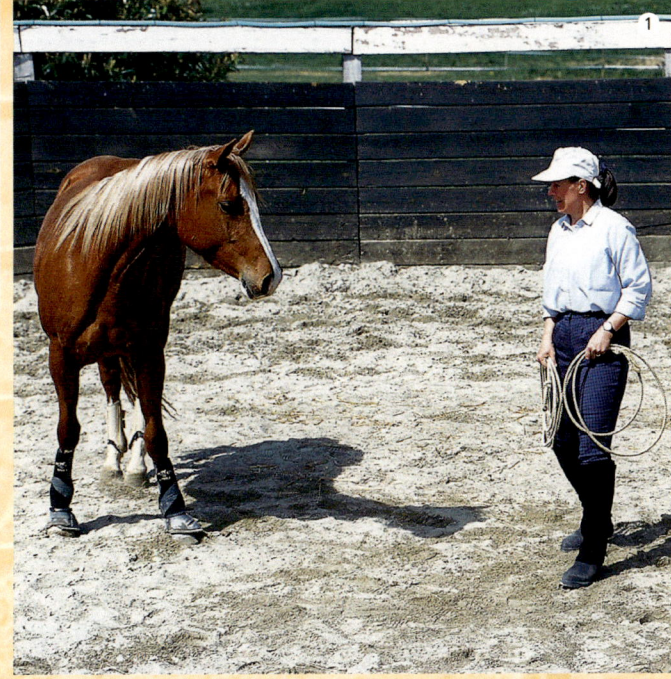

El posterior interior izquierdo está por debajo de la masa y se cruza por delante del posterior derecho. La potra me sigue con la cabeza y la mirada. Para el trabajo posterior a caballo es importante que el caballo aprenda a movilizar las caderas desde el principio poniendo la cabeza a nuestra disposición.

Ejercicio 8 – Control de las espaldas

Aquí quiero que el caballo desplace las espaldas hacia mí, es decir, que haga un paso hacia la derecha con el anterior derecho. Me pongo del lado derecho y se lo pido con la voz y el gesto. Durante el ejercicio quiero que la potra me siga en todo momento con la cabeza y la mirada como en el ejercicio anterior.

Retrocedo un poco para «aspirar» las manos y la yegua hace un paso en mi dirección. En cuanto el caballo hace el movimiento que se le pide hay que dejar de pedirlo de forma inmediata y, eventualmente, ir a acariciarlo para animarlo a que venga hacia vosotros.

El trabajo en libertad

Hasta el caballo más «autista», como los que no reaccionan con nada, que han perdido el interés por todo y que parecen no oír nada de lo que se les dice, saldrá paulatinamente de su caparazón y aceptará miraros y prestaros atención.

gestos que hagamos, el caballo comprende poco a poco cómo colocarse y, a base de repeticiones, vamos creando poco a poco un lenguaje, un alfabeto, que comprende perfectamente.

Aprender este lenguaje le resulta fácil porque funciona igual que el que los caballos utilizan para comunicarse entre sí. El procedimiento de aprendizaje es muy rápido.

El lenguaje corporal es un lenguaje que los caballos saben utilizar y comprender.

Ejercicio 9 – Primera aproximación, primer contacto

La yegua está parada y me mira. Me gustaría que desde el principio aprendiera a tolerar una aproximación franca y de frente. A los caballos miedosos y poco respetuosos nunca les doy la espalda para incitarles a que me sigan, porque con algunos caballos puede resultar muy peligroso.

Me he acercado demasiado rápido y la yegua aparta la cabeza: es el principio de la huida. Si cuando me acerco me parece que el caballo se va a escapar cuando estoy a una distancia de 3 m, me paro a 3 m 10 y sigo avanzando haciendo aproximaciones y retrocesos sucesivos (página 44), evitando así que el caballo piense en escapar.

El primer contacto con la mano es en la frente, entre los dos ojos; es como darse la mano. Si el caballo se tensa, levanta la cabeza cuando se acerca la mano, quiere decir que no está preparado para colaborar voluntariamente, como alguien que no quiere dar la mano.

Ejercicio 9 – Primera aproximación, primer contacto (cont.)

Tendré que trabajar el control de la cabeza hasta que la yegua se relaje y se sienta cómoda con este ejercicio. Muchos caballos tienen problemas de cabeza y no toleran las manos o los objetos que se agitan a su alrededor: tenéis que solucionarlo antes de empezar a montarlos.

Ha bajado un poco la cabeza y presenta una actitud más relajada. Sigo trabajando mediante aproximaciones y retiradas para enseñarle a no apartar la cabeza ante el contacto de la mano (ver «Desensibilización» en la página 47). Fijaos en que no ha movido las extremidades ni el resto del cuerpo.

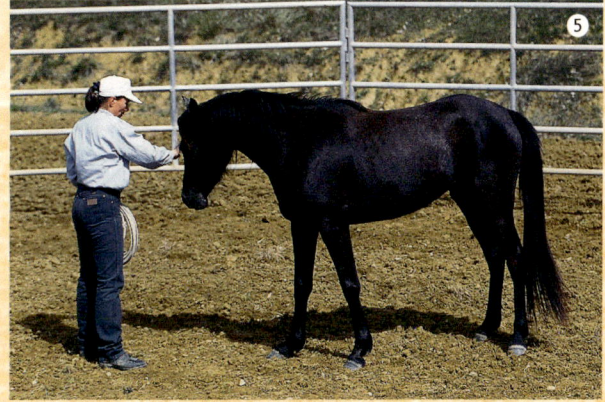

La yegua ya está totalmente relajada y acepta que le toque la cabeza con las dos manos. Esto es indispensable para que más adelante, una vez montada, acepte ceder a la acción de las manos mediante la utilización de las riendas. Es importante que al final de cada lección el caballo esté tranquilo y relajado.

Nota. La yegua utilizada aquí es más miedosa y agresiva. Así pues esta serie de fotos permite ser más explícito que con la yegua anterior, más dócil y más próxima al hombre.

Ejercicio 10 – El caballo se acerca a mí

Ahora que la yegua ha aprendido a tolerar mi aproximación y el contacto físico de la mano sobre la cabeza, tengo que enseñarle a venir hacia mí. Esto me será útil sobre todo en el campo, para pedirle que venga cuando la llamo. Si el caballo no se mueve hacia delante, desplazaos ligeramente hacia uno y otro lado porque es más fácil «aspirarlo» desde un lado que de frente. Quedaos quietos y pedidle que venga con la voz hasta que haga un paso, retroceded y seguid aspirándola por etapas.

Aquí no he tenido que retroceder para que la yegua viniese hacia mí y su actitud es mucho más franca. En cambio, tiene la cabeza demasiado alta y hay que trabajar más para que aprenda a avanzar con la cabeza y el cuello totalmente relajados y a poner la frente en contacto con mi mano.

El caballo comprende que escapar no sirve para nada

Después de haber «programado la lección n.° 1» con un caballo, su comportamiento cambia radicalmente. En efecto, durante esta lección el caballo ha probado y experimentado física y mentalmente que las escapadas no tienen ningún sentido. Su instinto natural que le dicta la necesidad de huir ante una situación de estrés, miedo o desagrado sufre una reprogramación porque hemos pasado a controlar cada uno de sus movimientos en libertad y, poco a poco, lo incitamos a tomar la decisión de dejar de escapar creando así un nuevo comportamiento condicionado que cambia radicalmente la forma de relacionarnos con él...

La transformación de la huida en un movimiento controlado

Este concepto, que es absolutamente esencial, con frecuencia se entiende mal. Todos los caballos tienen el instinto de la huida. El arte consiste en transformar la energía utilizada por el caballo en su huida en impulsión canalizada y más tarde en equitación. ¿Acaso no es la equitación superior el arte de crear movimientos perfectamente controlados con absoluta ligereza?

Desde los primeros minutos de la lección n.° 1 provoco la huida del caballo obligándole a moverse y me dedico a transformar poco a poco esa huida en un «ballet» organizado controlando progresivamente cada uno de sus movimientos.

Más adelante, en el trabajo montado, la utilización de las piernas para provocar la «huida» hacia delante del caballo generará la impulsión necesaria para realizar los movimientos que le pido.

Las herramientas del trabajo en libertad

La pista para dar cuerda

La razón por la cual trabajamos en una pista redonda es que éste es el único lugar donde podemos obligar al caballo a «apartarse» de nosotros en todo momento y con absoluta seguridad. La forma redonda simula una huida infinita y el caballo nunca puede decidir quedarse

La pista de dar cuerda es la herramienta indispensable para el trabajo en libertad. Permite simular una huida que a su vez hace posible el condicionamiento del comportamiento del caballo.

Ejercicio 11 – Retroceder

Enseñar al caballo a retroceder en libertad me permite ganar mucho tiempo a la hora de montarlo. Éste es un ejemplo que ilustra muy bien el concepto «Aparta» elemental para conseguir un movimiento controlado: se lo pido con la voz y el gesto, dándome golpecitos en el muslo con el lazo y la yegua retrocede, pero protestando y contraída.

Sigo pidiéndoselo hasta que se relaje un poco en el paso atrás. En estos casos es preciso insistir y aflojar la presión en cuanto el caballo empieza a «pensar» en retroceder. Si aplicáis demasiada presión, algunos caballos bloquean los posteriores y se ponen de manos y otros atacan.

El trabajo en libertad

quieto, como ocurriría si estuviese en uno de los ángulos de una pista cuadrada o rectangular.

La valla debe ser lo suficientemente alta (1,80 m) y segura para que el caballo no se haga daño si alguna vez choca con ella. El diámetro ideal es de 18 m. Sobre todo no hagáis girar potros jóvenes en pistas inferiores a 15 m de diámetro porque en un círculo pequeño las articulaciones están sometidas a un esfuerzo excesivo.

El lazo o la tralla

Muchas personas me preguntan por qué utilizo el lazo. Yo no soy una *cowboy* (o más bien una *cowgirl*) y nunca voy a serlo, y por desgracia seguramente nunca llegaré a alcanzar el nivel de maestría que tienen algunos de ellos con este instrumento. Sin embargo, a mí el lazo me resulta muy útil porque es un objeto de geometría variable que puede sustituirme ante el caballo cuando quiero hacer que se mueva y no consigo moverme con la suficiente rapidez. A la inversa, cuando me acerco al caballo, lo hago desaparecer y pasa a ser un objeto discreto que no abulta casi nada. Es posible utilizar una tralla sin problemas, pero el inconveniente de la tralla es que siempre está ahí y molesta si el caballo coge la costumbre de «apoyarse» en ella en vez de moverse de forma autónoma.

El lenguaje corporal

El lenguaje corporal es el que tendréis que utilizar para trabajar con el caballo

El lazo, la tralla o el trapo. Utilizad lo que os vaya mejor.

en libertad y más adelante, en menor medida, en el trabajo pie a tierra y montado. Los caballos son excelentes especialistas capaces de leer e interpretar las señales que otros caballos o nosotros mismos emitimos con nuestro cuerpo: esto nos permite desarrollar un auténtico lenguaje corporal para indicar al caballo en qué dirección deseamos que se mueva. No os compliquéis demasiado la existencia buscando cómo hay que poner los brazos, los hombros, etc. Si tenéis la «intención», por ejemplo, de hacer retroceder al caba-

El trabajo en libertad

El lazo es una herramienta de geometría variable que nos permite prolongar el brazo con seguridad y desaparecer al instante.

llo, os concentráis lo suficiente y tenéis en vuestro interior una imagen mental clara del movimiento que deseáis obtener, vuestro cuerpo se pondrá a hacer lo necesario para conseguirlo de forma automática. Adoptaréis inconscientemente una postura que expresará vuestras intenciones y el caballo sabrá «leer» vuestra posición.

Al principio, cuanto menos domado está el caballo, más amplios deben ser los gestos y los desplazamientos. Con un caballo acostumbrado al trabajo en libertad, podréis quedaros en medio y un simple movimiento de los hombros basta-rá para hacerlo girar hacia el interior o el exterior…

La voz

La voz es una ayuda preciosa en la educación del caballo, porque permite hacer que el caballo genere movimientos con absoluta precisión y ligereza. ¡Nuestros antepasados que cultivaban la tierra ya lo tenían claro, pues domaban sus caballos únicamente con la voz!

Si deseáis utilizar órdenes vocales, os aconsejo, no obstante, que respetéis ciertas reglas: utilizad pocas palabras o sonidos y un significado concreto para cada uno de ellos. Personalmente, utilizo cuatro órdenes principales:

➤ el «muac» o la castañuela, que significa «mueve algo». Alterno entre ambos porque veréis que al cabo de un rato los músculos de la boca tienen dificultades para hacer el mismo sonido;
➤ el «whoah», que significa parada e inmovilidad;
➤ el «chhuut», que quiere decir ralentizar, retomar la calma;
➤ el «beso» largo que reservo para la salida al galope.

Tened la precaución de no utilizar demasiado una palabra hasta que el caballo no obedezca completamente. Primero hay que enseñarle el ejercicio con otras ayudas, y una vez que conoce el ejercicio de memoria al final del aprendizaje, se puede utilizar la voz sin las otras ayudas.

Utilizar una orden vocal que no produce ningún efecto es equivalente a cambiar el significado de esa orden. ¡Si por ejemplo «whoah» significa parada-inmovilidad y repetimos «whoah» sin que el caballo se pare, le estamos enseñando que ese sonido significa «vamos»!

El principio básico: «¡Aparta!»

Durante esta primera lección podéis obligar al caballo a moverse de manera controlada sin riesgos. El futuro de toda esta historia depende de esta capacidad de control del movimiento porque será, por así decirlo, el modo de empleo que os servirá para dejar establecida vuestra posición de liderato en la manada que formáis con vuestro caballo.

Recordad siempre que el elemento dominante es el que provoca el desplazamiento del otro, y el dominado el que recibe la orden «¡Aparta!» y la acata.

El trabajo en libertad, la lección n.° 1, sirve para enseñar al caballo el lenguaje, a saber, el alfabeto que vais a utilizar con él a lo largo de toda la vida.

«**¡Aparta!**»: Ésta es la piedra angular del edificio, el fundamento que lo sustenta todo; si no es sólida, todo lo que venga a continuación a lo largo del proceso educativo y del aprendizaje será frágil. No debéis subestimar la importancia de este concepto absolutamente primordial.

«**¡Aparta!**»: Quiere decir que lo primero que el caballo debe aprender imperativamente antes de acercarse a mí o de permanecer a mi lado es a «apartarse», es decir, a escapar inmediatamente a mi orden y en la dirección que yo le indique. Y debéis saber que no hay caballo ni jinete que sepan hablar este lenguaje de forma natural, por lo que debemos aprenderlo y enseñárselo.

Prueba: Poneos a un paso de vuestro caballo, a la altura de su espalda derecha: caminad deliberadamente hacia la derecha haciendo la castañuela o el «muac» y si se tercia golpeaos el muslo con la mano: el caballo debe desplazarse al mismo ritmo que vosotros hacia su derecha, y si hacéis un pequeño círculo a la derecha, apartarse y pivotar sobre el posterior derecho.

Ejercicio 12 – Ir de la mano sin ronzal

Sólo enseño al caballo a seguirme cuando puedo controlar sus movimientos. No quiero darle la espalda si sé que no voy a poder tenerlo bajo control. ¡Los caballos no son como los perros que nos siguen a todas partes!

Así pues, le enseño a caminar de la mano con un ronzal virtual manteniéndolo a distancia: cuando me desplazo hacia la derecha, la yegua debe dejarme espacio. Tiene que estar atenta y relajada y observar mis gestos para seguir mis desplazamientos por la pista.

El trabajo en libertad

Si el caballo os pisa o se escapa quiere decir que no entiende el alfabeto «¡Aparta!».

Podéis hacer la misma prueba poniéndoos delante de él a un paso de distancia pidiéndole que retroceda. ¡No hagáis trampas! No debéis tocarlo en ningún caso. Lo que debe empujarlo hacia atrás es la masa de aire que hay entre vosotros.

La duración de las sesiones de trabajo

Con frecuencia me preguntan cuánto tiempo debe durar una sesión de trabajo en libertad. La respuesta es tanto tiempo como seáis capaces de mantener la concentración en vuestros objetivos y veáis que el caballo progresa... y ello siempre a condición de que el caballo no sufra estrés ni se muestre físicamente cansado. Si sois capaces de mantener la concentración bastante rato podréis captar la atención del caballo todo el tiempo que queráis. En cambio, en cuanto dejéis de mantener la atención, perderéis automáticamente la del caballo.

Por mi parte, nunca miro el reloj cuando trabajo un caballo en libertad y sigo con la sesión de trabajo mientras el caballo se muestra tranquilo y relajado, porque la parte principal del trabajo se hace al paso o incluso con el caballo parado.

En resumen, al caballo no le cuesta mantener la atención (ver pág. 20). En este ámbito nosotros tenemos más limitaciones que él. Sin embargo, cuidado con los esfuerzos físicos demasiado intensos que pueden dañar seriamente los pulmones, las articulaciones, los pies, etc. Si tenéis dificultades para conseguir un movimiento, retomad el ejercicio al ralentí y no canséis demasiado al caballo.

En lo que respecta a la lección n.° 1 en su conjunto, en general, desarrollo el programa descrito a continuación y enseño los distintos ejercicios en un espacio de tiempo situado aproximadamente entre una y dos horas. Sin embargo, a veces interrumpo la lección para continuarla el día siguiente...

Por lo tanto, también vosotros podéis interrumpir la lección en cualquier momento, incluso en medio de un ejercicio, para retomarla un poco más tarde o al cabo de varios días. Esta interrupción no tiene ninguna importancia. El caballo no olvida lo que ya ha aprendido. Cada vez que veáis al caballo cansado o lo estéis vosotros mismos, parad porque seguir sería una pérdida de tiempo.

Sin embargo, terminad siempre después de realizar un «microejercicio positivo», con una respuesta afirmativa en vez de hacerlo tras una negativa del caballo, sin perjuicio de cambiar de ejercicio para pedir algo más fácil...

Así pues, podéis escalonar el aprendizaje de los ejercicios a lo largo de uno o varios meses; lo más importante es no pasar al ejercicio siguiente antes de que el caballo haya adquirido el anterior perfectamente, y no repetir eternamente los mismos ejercicios una vez adquiridos. Unos pocos minutos de repaso bastan para pasar a la serie de ejercicios siguiente. No olvidéis que podéis pedirle a vuestro caballo toda una infinidad de movimientos distintos, así que dejad paso libre a la creatividad.

Ejercicio 13 – De este a oeste (figura de la página de al lado)

Cuando controlo correctamente la cabeza, las caderas y las espaldas en todas direcciones, puedo pedir este ejercicio, que me servirá más adelante cuando vaya montada, porque es necesario conseguir una buena movilidad mecánica de las tres partes principales del caballo. Mi objetivo es hacer que la yegua me pase una y otra vez por delante mirándome en todo momento.

En la primera foto, tengo que hacer que la espalda derecha se desplace hacia la izquierda; en ésta la espalda izquierda debe desplazarse hacia la derecha. Cuando el movimiento se controla perfectamente, el jinete deja de moverse y el caballo fija las caderas y desplaza únicamente las espaldas cambiando la incurvación cada vez.

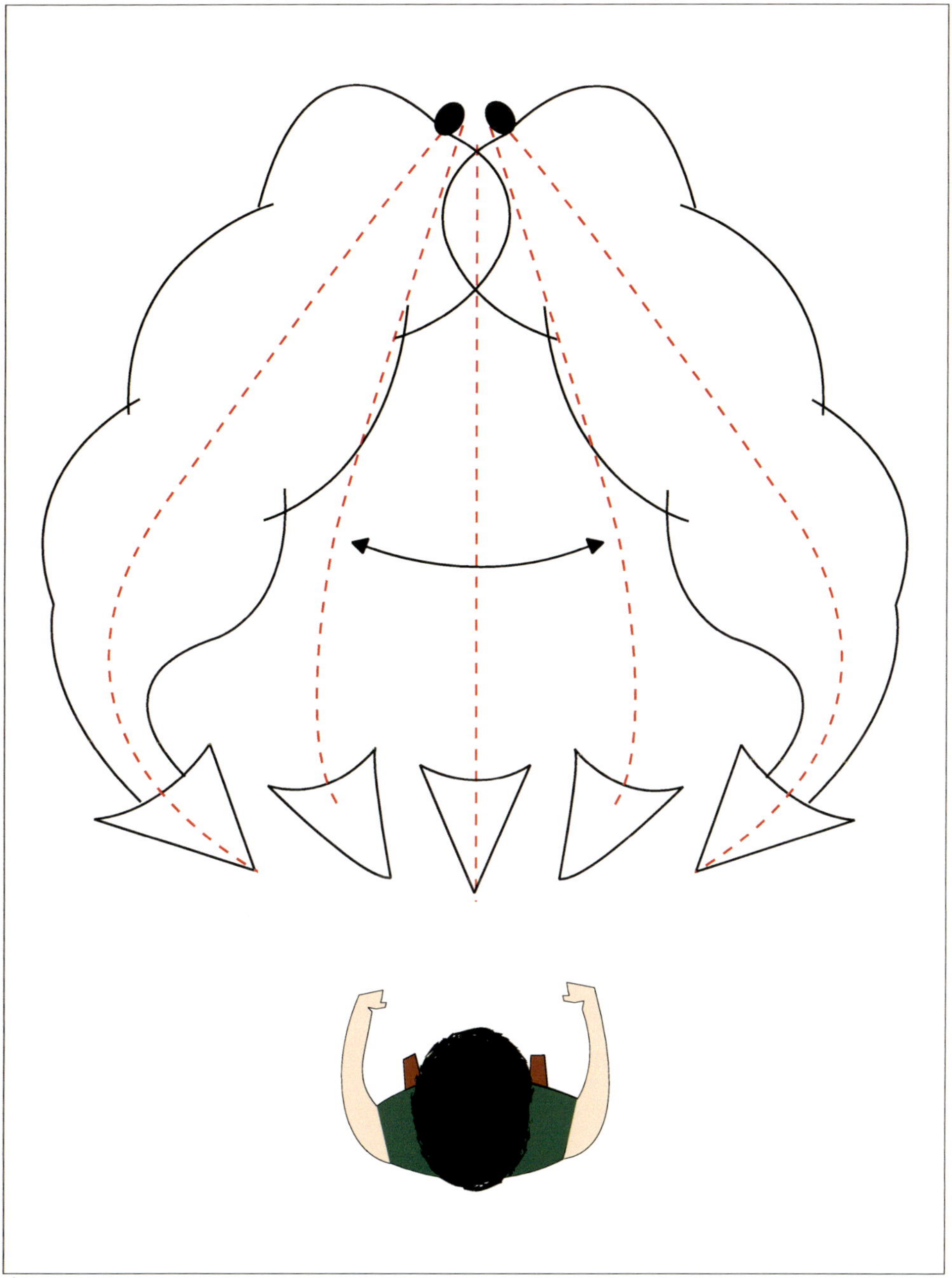

El trabajo en libertad

Trabajo en libertad «de este a oeste»:
En este ejercicio se trata cambiar la «incurvación» del caballo manteniendo fijo el posterior interior y desplazando las espaldas hacia uno y otro lado.

Ejercicio 14 – El caballo «automotor»

Aprovechar el trabajo en libertad en círculo para enseñar al caballo la independencia de los aires. No tiene que acostumbrarse a trotar y galopar en función de nuestra insistencia, sino a ser capaz de mantener el movimiento por sí solo a una cadencia regular. Para ello no hay que perseguirlo constantemente con la tralla ni apretar las piernas todo el rato para que trote, sino conseguir que decida ponerse a trotar. Las piernas las utilizaremos para la reunión…

Para este ejercicio lo primero que hay que enseñarle es a escuchar las órdenes que le damos con la voz. A continuación le pedimos trote o galope y nos eclipsamos, observando sin embargo si mantiene el aire. En el momento en que vemos que empieza a ralentizar, intervenimos de forma rápida y decidida con la voz, la cuerda o la tralla utilizando las cuatro fases sucesivas (pág. 42). El truco está en intervenir lo antes posible y en parar en cuanto el caballo recupera la cadencia correcta. De esta manera se le van cerrando puertas y en poco tiempo podréis «desaparecer» sin que el caballo pierda actividad.

El trabajo en libertad

Desarrollo de la lección n.º 1

Para todos los ejercicios descritos más adelante utilizo un lazo o una tralla, así como el lenguaje corporal (ver la página 85). Cuanto más me desplazo hacia el tercio posterior, más hacia adelante debe ir el caballo. Para ralentizar tengo que desplazarme hacia el tercio anterior. Para cambiar de dirección tengo que cambiar la tralla de mano y desplazarme hacia el tercio posterior «cerrándole» el paso al caballo.

ATENCIÓN: Quedaos siempre a una distancia razonable del caballo (3 metros como mínimo) para evitar posibles patadas.

A modo de conclusión diremos que podéis controlar todos los movimientos del caballo mediante una orden precisa y, por consiguiente, trabajar a su alrededor con total seguridad.

A lo largo de esta sesión, desde un punto de vista práctico y mecánico, vuestro caballo ha aprendido lo siguiente:

➤ A alejarse de vosotros.
➤ A quedarse parado lejos de vosotros, inmóvil, por una orden vuestra, mirándoos.
➤ A venir cuando se lo pedís, a pararse a 1 metro y a presentar la cabeza y la mirada.
➤ A seguiros si se lo pedís, sin cabezada ni cuerda, a pararse y a retroceder, a pivotar sobre los anteriores y los posteriores de cada lado sin tener que tocarlo.
➤ A miraros en todo momento.
➤ A dejar que giréis a su alrededor sin moverse.
➤ En los movimientos simples o combinados a disociar o combinar el movimiento de la cabeza, las caderas y las espaldas.

A lo largo de esta sesión, desde el punto de vista mental, el caballo ha aprendido lo siguiente:

➤ A «apartarse de vosotros» cuando se lo pedís y a aceptar vuestra posición de liderato.
➤ A comprobar que la huida no sirve para nada.
➤ A conocer el lenguaje y a miraros cada vez que oye la castañuela o el «muac» y a interpretar, gracias a vuestro lenguaje corporal, cuál es el movimiento que hay que efectuar.
➤ A moverse con prontitud respondiendo a la más mínima indicación de la «masa de aire».
➤ A estar permanentemente atento.
➤ A estar tranquilo y relajado y a aceptar el hecho de permanecer a vuestro lado sin necesidad de coacciones.

El trabajo en libertad no es sólo una herramienta pedagógica para el caballo, sino también para nosotros, porque mejora nuestro rendimiento físico y mental y nos permite progresar con más finura y comprensión en el trabajo que se realiza

Nota. Los recuadros del presente capítulo os ayudarán a comprender mejor cada uno de los ejercicios.

Lección n.º 1

1 Trote a mano izquierda. Me pongo en medio del círculo y le pido al caballo que se «desplace» hacia la izquierda; para ello me desplazo hacia su tercio posterior sin acercarme a él por si se le ocurre soltar una patada. En cuanto el caballo se pone a trotar con regularidad, cambio de dirección.

2 Trote a mano derecha. Me desplazo decididamente hacia la espalda del caballo para cerrarle el paso y le pido que trote a mano derecha. En esta fase da igual que gire hacia el exterior o el interior para cambiar de mano.

3 Cambios de dirección sucesivos, a mano izquierda y derecha hasta poder controlar los cambios de dirección en puntos previamente determinados.

4 Cambios de dirección únicamente hacia el exterior, a mano izquierda y derecha y en un punto determinado: Para ello tengo que desplazarme decididamente hacia la espalda mirando la nariz del caballo echándolo virtualmente hacia el exterior.

5 Cambios de dirección únicamente hacia el interior, a mano izquierda y derecha y en un punto determinado: Para ello retrocedo ligeramente desplazándome hacia el tercio anterior para «aspirar» el caballo hacia el interior.

6 Alternancia de los cambios de dirección hacia el interior y el exterior, a mano izquierda y derecha y en un punto determinado.

7 Control de la parada e inmovilidad. Si el caballo es perezoso, basta con dejar de «hacer que se mueva» para pararlo. En caso de un caballo muy asustadizo y huidizo, se puede conseguir la parada repitiendo varios cambios de dirección hacia el exterior hasta el momento en que se le puede «bloquear» con la nariz contra la valla, impidiendo que se escape hacia uno u otro lado.

8 Control de la mirada y la atención. Queréis controlar la parada en la pista y pedirle que os mire con los dos ojos. Ése el principio del control de la cabeza. Tenéis que conseguir la parada y la mirada del lado izquierdo y el derecho. Para atraer la mirada del caballo, llamadle la atención con la voz o agitando el brazo: en cuanto gira ligeramente la cabeza, retroceded uno o dos pasos para «quitar presión» e indicarle que ha dado una buena respuesta. Repetidlo varias veces hasta que el caballo mantenga la mirada puesta en vosotros.

9 Control de las caderas. Cuando se controla bien la cabeza, se pueden empezar a controlar las caderas. Retroceded varios pasos por uno de sus lados y verificad si podéis «aspirar» la cabeza y la mirada hacia vosotros y desplazad las caderas hacia el lado opuesto. Este movimiento es de una importancia capital para el futuro, porque condicionará una futura «parada de urgencia». Desplazaos cada vez más hacia el tercio posterior y verificad si el caballo os mira y está totalmente pendiente de vosotros estéis donde estéis.

10 Control de las espaldas. Cuando la cabeza y las caderas funcionan perfectamente hacia ambos lados, podéis pasar al control de las espaldas. Poneos a 1 metro del caballo a su lado izquierdo, aproximadamente a la altura de la cincha: empujad hacia las caderas para poner el caballo al paso, «aspirad» la cabeza hacia vosotros y pedidle que desplace las espaldas hacia la derecha manteniendo la flexión del cuello hacia la izquierda. Repetid la misma operación por el otro lado. Éste es el principio del control de los desplazamientos laterales que más adelante le pediréis montados.

11 Primera aproximación. Cuando controléis la cabeza, las caderas y las espaldas, acercaos al caballo y acariciadle la cabeza entre los dos ojos. Si cuando os estáis acercando a él, veis que empieza a pensar en moverse, sobre todo si perdéis su mirada, retroceded dos pasos y volved a empezar a acercaros y a retroceder cuantas veces sea necesario. El caballo debe dejar tocarse la frente sin reservas.

12 El caballo acude a vosotros. Cuando podáis ir hacia él y acariciarle la cabeza, enseñadle a ir hacia vosotros cuando se lo pidáis. En esta fase tenéis que poder controlar el aire y pararlo en cualquier punto de su progresión. ¡Nunca debe venir por iniciativa propia o seguiros sin una orden previa cuando lo tengáis a vuestras espaldas!, salvo si se trata de un caballo realmente muy asustadizo o salvaje que no conoce al hombre...

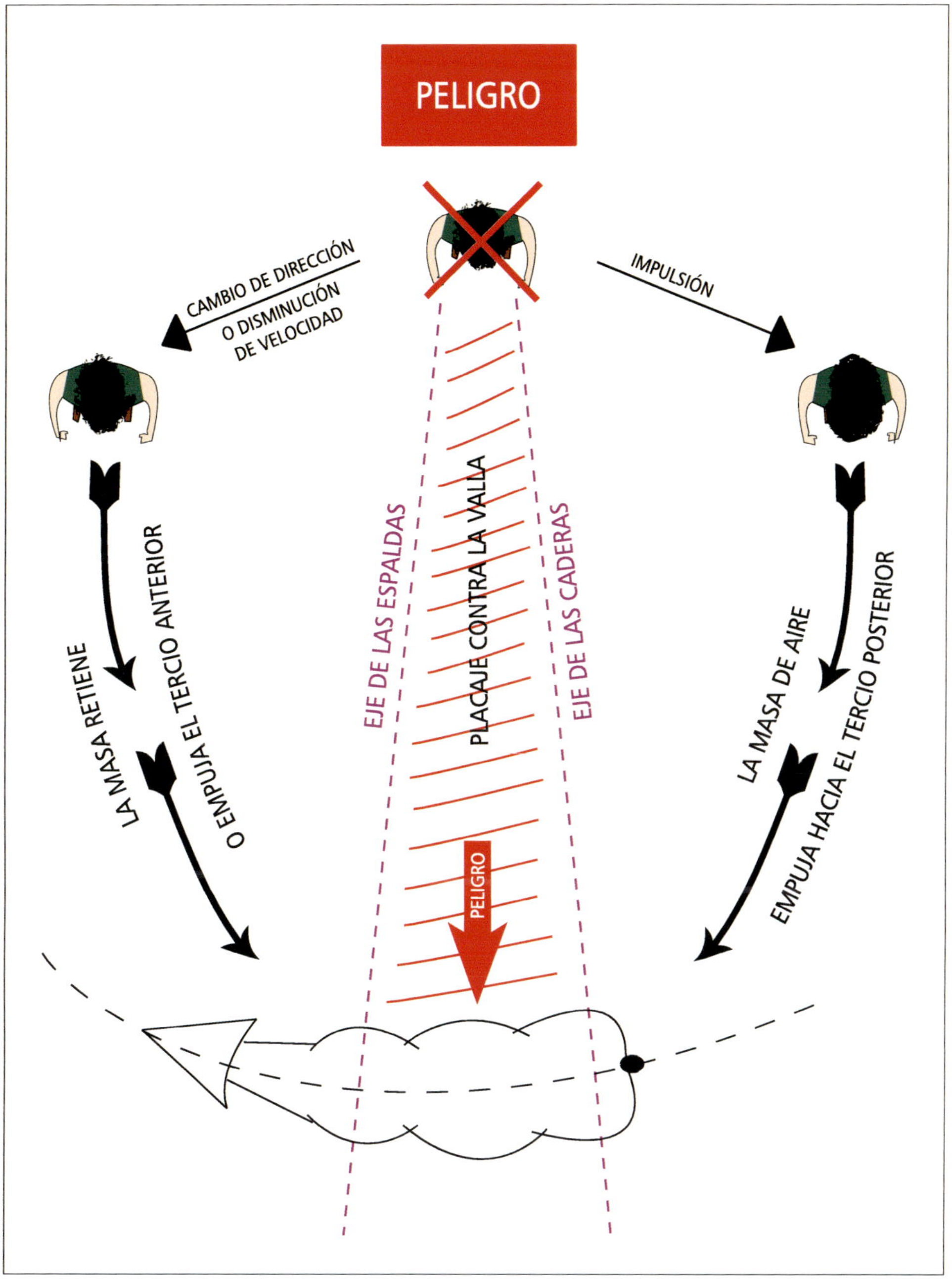

El trabajo en libertad

Trabajo en libertad: ejes de las caderas y las espaldas
Nuestro lenguaje corporal dicta al caballo los movimientos que debe efectuar. Por consiguiente, tenemos que estar claramente colocados a uno y otro lado de ambos ejes.

El trabajo en libertad

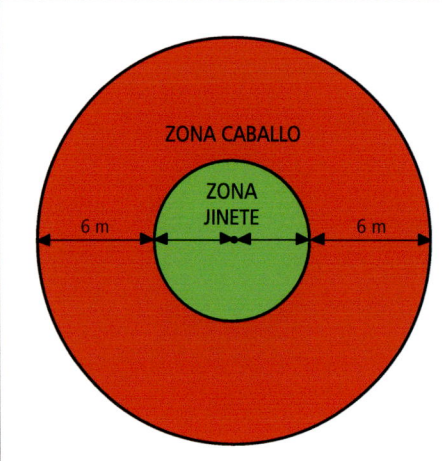

TRABAJO EN LIBERTAD

Reparto de las zonas caballo/jinete:
Por seguridad, situaros a más de 6 metros de las vallas de la pista.

CUIDADO con las patadas y los posibles botes: **todo** caballo es susceptible de soltar alguna patada alguna vez.

montado. Sobre todo enseña al jinete a desplazarse rápidamente dentro del círculo y a saber situarse en el espacio, a moverse con soltura, a observar el caballo y a adaptarse constantemente a lo que el caballo le va «diciendo». Nos enseña a tener paciencia, tenacidad y nos obliga a controlar nuestro cuerpo, nuestros nervios y a administrar nuestra energía para poder «desplazar» al caballo de manera controlada…

Permaneced siempre a distancia del caballo: todos los caballos saben dar patadas.

Capítulo 5

El trabajo pie a tierra

La expresión «trabajo pie a tierra» la utilizan los jinetes que siguen las pautas de la equitación tradicional para designar las figuras de escuela ejecutadas pie a tierra como las grupadas, levadas, cabriolas, etc.

Yo, con mayor modestia, por trabajo pie a tierra entiendo el trabajo de educación del caballo desde el suelo, desde el momento en que se pone la cabezada de cuadra hasta los desplazamientos laterales con filete, pasando por el trabajo a la cuerda o con riendas largas y todos los ejercicios de control de la cabeza, las caderas y las espaldas.

El tipo de caballo

Todos los caballos sin excepción, desde el potro de dos días hasta el más veterano, independientemente de la raza (del poni Shetland al caballo de tiro bretón) o del sexo, deberían funcionar perfectamente desde el suelo y estar siempre bajo el control de su propietario.

Por desgracia, algunos caballos mal educados han cogido malas costumbres incompatibles con nuestra regla fundamental: la seguridad del jinete. Estos caballos por consiguiente, no se pueden trabajar directamente pie a tierra con cabezada de cuadra ni a la cuerda si previamente no han sido trabajados en libertad.

Si tenéis un caballo agresivo o miedoso, os desaconsejo que empecéis por el trabajo pie a tierra (salvo si realmente dominéis la materia); os recomiendo como etapa previa obligatoria que lo trabajéis en libertad en la pista de dar cuerda.

Con todos los demás caballos, amables y sociables podéis empezar directamente con el trabajo desde el suelo con cabezada de cuadra y a la cuerda, y posteriormente con el filete, según su edad.

Si el caballo es agresivo o muy miedoso, recomiendo empezar con el trabajo en libertad. Si no, se le puede poner la cabezada desde el principio y trabajar pie a tierra.

Ejercicio 1 – Botón de «Puesta en marcha»

Antes de empezar a hacer los ejercicios pie a tierra, hay que poner a punto el botón de «Puesta en marcha». Imaginad que sobre la grupa, donde está el motor, el caballo tiene un gran botón rojo que es preciso activar para hacer que se desplace hacia delante. (Ver la página 56).
Para crear este botón de puesta en marcha, colocaos al lado del caballo con la cuerda en la mano izquierda y la fusta en la mano derecha. Recurrid al sistema de las cuatro fases (ver la página 42) como sigue:
1. Castañuela o «muac».
2. Levantad la fusta en dirección a la grupa.
3. Seguid pidiendo con la voz y tocad la grupa con la fusta con suavidad y delicadeza.
4. Aumentad la intensidad de la fase 3.
5. Si no pasa nada y el caballo permanece inmóvil, golpead la grupa fuertemente con la máxima «intención de ir a matar». Normalmente, si se golpea acertadamente nunca más habrá que recurrir a la fase 5.
Acariciad el caballo en cuanto se mueva y repetid varias veces las distintas fases hasta que el caballo se adelante a las fases y responda con la voz.

Ejercicio 2 – Control de la cabeza: marcha + pliegue

Me pongo al lado del caballo a la altura de la espalda y hago que la potra se ponga a andar con la voz y si es necesario con la fusta. Cojo la cuerda con la mano izquierda y le indico la dirección que ha de seguir. En cuanto la potra se pone a andar empiezo a caminar al mismo ritmo y extiendo el brazo izquierdo para que no haya tensión en la cuerda.

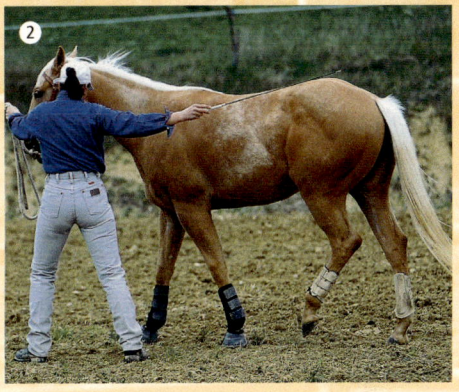

Espero que el paso tenga una buena cadencia. Para que el caballo camine recto es preciso andar a buen paso, porque si vamos a paso lento el caballo se pone a girar a nuestro alrededor, lo que dificulta el posterior ejercicio.

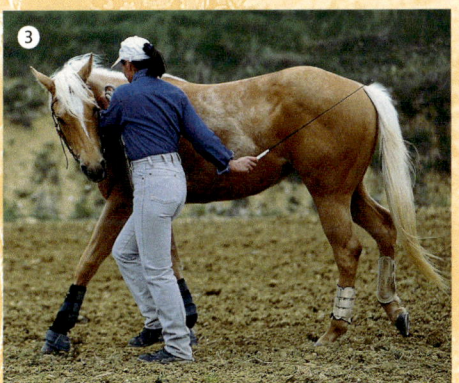

Mantened un contacto ligero pero constante con la rienda izquierda y pedid al caballo el pliegue a la izquierda. El objetivo es que el caballo se desplace al paso en línea recta con la cabeza girada hacia la izquierda. En esta foto la potra se pliega pero tiene tendencia a apoyarse en el filete.

Aumento la actividad de los posteriores con la voz y, si es necesario, con la fusta para aligerar el tercio anterior y conseguir que la potra se pliegue sin apoyarse. Cuando cede a la rienda que solicita el pliegue, cedo y continúo caminando con la rienda floja.

Nota. Al principio el caballo se aligerará tan sólo durante uno o dos pasos, pero a base de repeticiones irá sosteniéndose cada vez durante más rato. ¡Los ejercicios deben practicarse a ambos lados!

El lugar

La buena noticia es que podéis hacer la mayor parte del trabajo pie a tierra sin pista de dar cuerda, sin picadero o pista exterior: un simple trozo de prado más o menos plano o el patio de una granja sirven perfectamente. Evidentemente es preferible un suelo esponjoso que no sea resbaladizo y sin piedras. (¡En estos últimos años me he caído más veces trabajando un caballo pie a tierra que montándolo!).

En cambio, lo más importante es disponer de un lugar abierto con mucho espacio para moverse. Alejaos de las vallas con alambre de espino y de los hierros viejos u otros objetos peligrosos.

Una cabezada de cuadra normal y bien ajustada es menos severa que una de nudos tipo americano. La cuerda es cuerda marina.

El equipo

La cabezada

Hay gente que sólo quiere utilizar cabezadas de nudos americanas. A mí me gusta ser lógica y coherente con el sistema elegido: hemos hablado de «etología», hemos explicado nuestro objetivo que consiste en enseñarle al caballo a ceder a una ligera presión con el menor número de herramientas y coacciones posible. ¿Por qué entonces utilizar la cabezada más severa posible?

Estas cabezadas de nudos ejercen compresión sobre un punto del hueso nasal y a ambos lados de la cara, a la altura de los nudos que concentran en tres puntos muy reducidos toda acción del jinete. En mi opinión esta cabezada debe utilizarse con un caballo educado que ya sabe ceder a la presión y no con un principiante. De hecho, con frecuencia se ven caballos con heridas en esos tres puntos…

La cuerda

En lo que respecta a la cuerda, utilizad una cuerda de al menos 3 m para poder trabajar sin riesgos alrededor del caballo. Como chivatazo os diré que la driza de algodón (18 mm de diámetro) que se compra por metros en cualquier tienda de material náutico, os permitirá fabricar vuestras propias cuerdas gastando mucho menos dinero. Y en la misma tienda podréis comprar todo tipo de mosquetones. Para algunos ejercicios también necesitaréis una cuerda de 6 metros.

Ejercicio 3 – Control de las caderas: pivotan sobre los anteriores

Siempre me pongo al lado y ayudo con la rienda izquierda. Primero giro la cabeza y cuando he conseguido flexionar el cuello, cedo una fracción de segundo para indicarle al caballo que va por buen camino. A continuación retomo el contacto con la rienda conectando esta vez el filete y las caderas (ver la página 111).

Mi objetivo es desplazar las caderas hacia un lado y para ello utilizo la voz y el lenguaje corporal: invado el espacio del caballo pidiéndole que aparte las caderas. En esta serie de movimientos en vez de la fusta utilizo el sobrante de la cuerda y lo sacudo hacia los posteriores.

El posterior interior izquierdo se cruza por delante del posterior derecho y entra bajo la masa del caballo, lo que permite estirar los músculos de los posteriores. Sin embargo, la cabeza se apoya en el filete. Para aligerar la parte anterior es necesario un mayor impulso en los posteriores.

El posterior izquierdo entra mejor bajo la masa y la cabeza se ha aligerado algo. El anterior interior izquierdo hace de pivote y las otras tres extremidades giran a su alrededor describiendo círculos concéntricos. La yegua parece más tranquila y realiza el movimiento sin trabas.

Ejercicio 4 – Control de las espaldas: pivote sobre los posteriores

Nota. Esta potra Merens trabaja con una cabezada de cuadra. Se pueden hacer todos los ejercicios pie a tierra con un filete de palillos o una cabezada según la edad del caballo.

Esta vez quiero desplazar las manos alrededor de los posteriores. En relación con el ejercicio anterior, estoy más adelantada porque me he colocado a la altura de la cabeza. Pido con la voz y si resulta necesario muevo el sobrante de la cuerda para reforzar la orden. Tenso el ronzal para conectarme con las espaldas. Durante todo el ejercicio intento mantener el cuello más o menos recto; la posición ideal requiere un ligero pliegue hacia la derecha.

El anterior izquierdo se cruza por delante del anterior derecho, y se ve claramente en la foto la utilidad de controlar la dirección que ha tomado el anterior derecho en el paso anterior. Si éste no se sitúa a las «4» (ver el reloj virtual de la página 55), es decir, a la derecha y un poco retrasado, es imposible que el anterior izquierdo se cruce por delante sin que el posterior que hace de pivote se levante. (Esto es fundamental para entender y regular con precisión las piruetas, «spins», etc.).

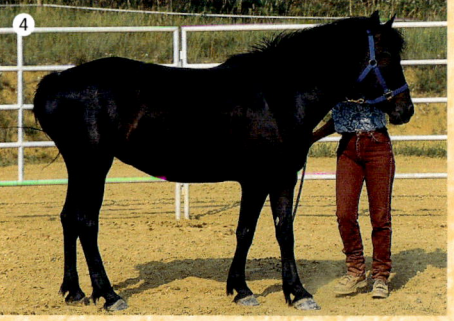

El posterior derecho debe permanecer fijo porque es el que hace de pivote. Aquí se ve que la yegua está ligeramente desequilibrada, lo que seguramente hará que en el paso siguiente el posterior derecho se despegue del suelo por recaer demasiado peso en el posterior izquierdo... a menos de tener la buena idea de rectificar su posición. Montados tendríamos que retrasar la pierna izquierda hacia atrás para cargar peso sobre el posterior derecho.

¡Parece que la corrección ha surtido efecto! El posterior interior derecho queda remetido bajo la masa, recupera peso y permanece en el suelo; el anterior derecho se ha desplazado correctamente al bies y hacia atrás en el paso anterior para permitir que el anterior izquierdo pase por delante y hacia la derecha; sin embargo, sería mejor que no hubiera un contrapliegue hacia la izquierda: la cuerda está demasiado tensa, aunque la yegua parece bastante tranquila.

Ejercicio 5 – Seguir el sentido de la «espalda adentro»

La espalda adentro es un ejercicio muy codificado y riguroso en el cual el caballo debe desplazarse en tres pistas, con un ligero contrapliegue. No puedo pretender hablar aquí de la espalda adentro propiamente dicha, pero el desplazamiento lateral que le pido al caballo persigue la misma idea: movilizar la cabeza, las caderas y las espaldas.

En este ejercicio tengo como objetivo la movilización de las caderas y las espaldas hacia la derecha manteniendo el pliegue a la izquierda. Se trata pues de una combinación de los dos ejercicios anteriores en los cuales el caballo ha aprendido a movilizar hacia la derecha y por separado las caderas y las espaldas.

El anterior izquierdo se cruza por delante del anterior derecho y hacia la derecha: el caballo pliega el cuello (a la izquierda) en dirección contraria al desplazamiento en diagonal hacia la derecha. Se puede exagerar el pliegue del cuello, pero no enroscarlo.

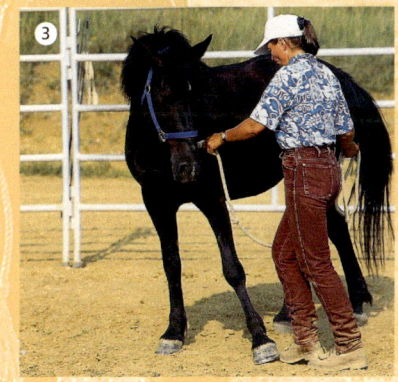

El posterior izquierdo no se ve, pero se cruza hacia la derecha pasando por delante del posterior derecho porque el caballo va al paso; de esta manera aprende a remeterlo más bajo su masa, que es precisamente uno de los objetivos de la espalda adentro. En esta foto se puede ver muy claramente el interés del desplazamiento del anterior derecho lejos en diagonal hacia la derecha…

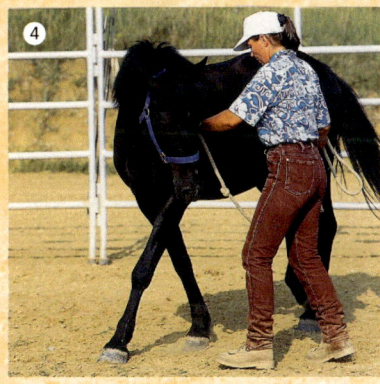

… lo que permite ganar amplitud en el siguiente movimiento del anterior izquierdo. Si comparamos estas fotos con la segunda, veremos que aquí la posición de la cabeza y el cuello son mucho mejores: la barbilla está a la altura de la punta de la espalda y las orejas están a la misma altura.

Ejercicio 6 – Desplazamientos laterales

Esta foto se ha tomado desde un ángulo que permite observar que en los desplazamientos laterales, cuando el caballo está bien equilibrado, los miembros de cada diagonal van en paralelo: anterior izquierdo y posterior derecho. El pliegue del cuello es muy pronunciado, pero la posición de la cabeza es correcta porque la frente está cerca de la vertical y las orejas están a la misma altura.

Nota. Aquí no voy a analizar todos los tipos de desplazamientos laterales, porque hay infinidad de combinaciones que van mucho más allá de los movimientos utilizados tradicionalmente...
Recordad simplemente lo fundamental: el caballo tiene que poder movilizar la cabeza, las caderas y las espaldas en todas direcciones asociando o disociando sus tres partes en función de la dirección del movimiento.
No tengáis miedo de ser creativos y probad todas las combinaciones de posiciones posibles y en distintas direcciones (ver la página 55), y veréis la enorme movilidad y capacidad mecánica que tiene el caballo.
Ponedlo después en manos de un profesional de la disciplina que sea y veréis como lo convierte en un campeón.

El trabajo pie a tierra

La fusta

La fusta no es una herramienta de castigo sino simplemente una prolongación del brazo. Antes de utilizarla tenéis que verificar imperativamente que el caballo no se asuste.

Para ello debéis frotarle todo el cuerpo con la fusta empezando por la cabeza y terminando por los posteriores. Si en algunos puntos se incomoda, debéis desensibilizar esas zonas (ver página 47, «Desensibilización»). Antes de empezar, verificad también si podéis agitar la fusta alrededor del caballo sin que se asuste.

El filete de palillos + una rienda

Os aconsejo que utilicéis un filete de palillos, que es la embocadura más pedagógica que existe para el caballo porque como respuesta a la tracción de la rienda de un lado ejerce en el lado opuesto de la boca una clara presión que queda repartida sobre una gran superficie.

Desmontad las riendas del filete y utilizad una cuerda enganchada a la anilla izquierda o derecha del filete según el lado que queráis trabajar.

Los protectores para el trabajo

Proteged sistemáticamente las extremidades del caballo: menudillos y cañas por delante y por detrás... Si el caballo

Nota. Todos los ejercicios descritos a continuación pueden hacerse con cabezada de cuadra, a la cuerda o con filete con una sola rienda.

El filete de palillos es la embocadura más «pedagógica» que existe para el caballo. «Empuja» sobre una gran superficie por el lado opuesto a la tracción de la rienda.

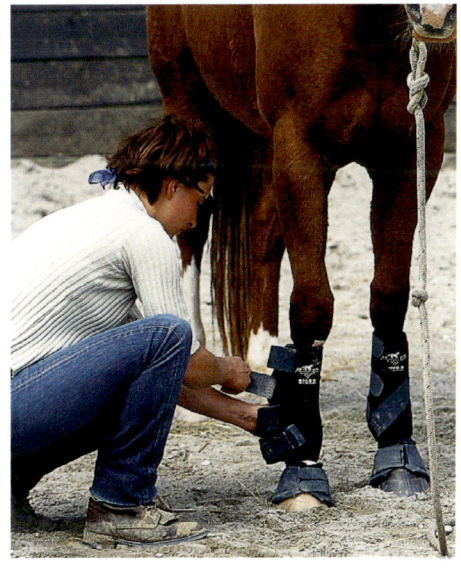

Proteged las extremidades del caballo con protectores eficaces. En los desplazamientos laterales, los caballos inexpertos pueden darse golpes.

Ejercicio 7 – Paso atrás

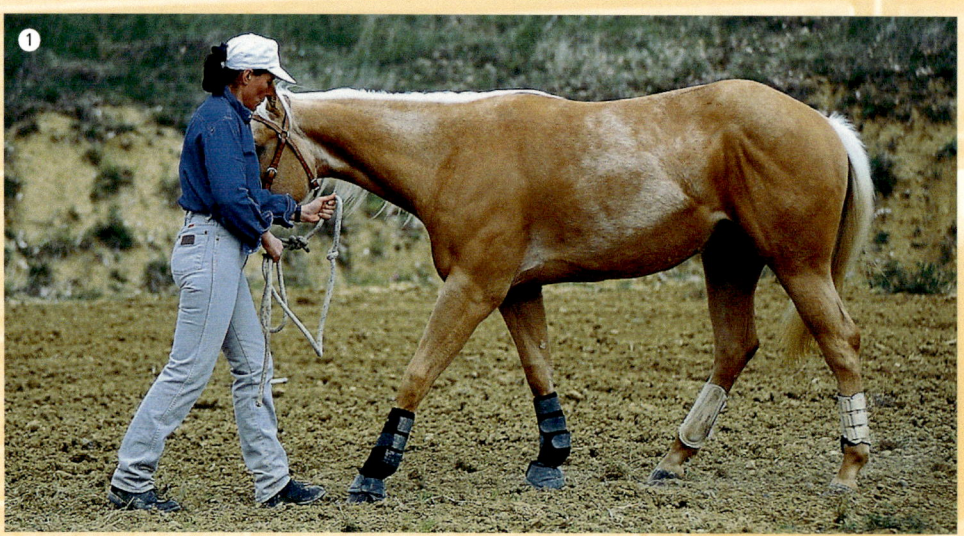

Dos escollos que hay que evitar a la hora de enseñar el paso atrás a un caballo novato: dejar que levante la cabeza y hunda el dorso y actuar con brusquedad. Es importante ir despacio y paso a paso, recompensándolo al principio antes de que el caballo haya dado un paso entero. Vigilad que la cabeza ceda a la tracción de la cuerda hacia atrás sin levantarse. Lo mejor es hacer ceder la nuca antes de empezar el paso atrás.

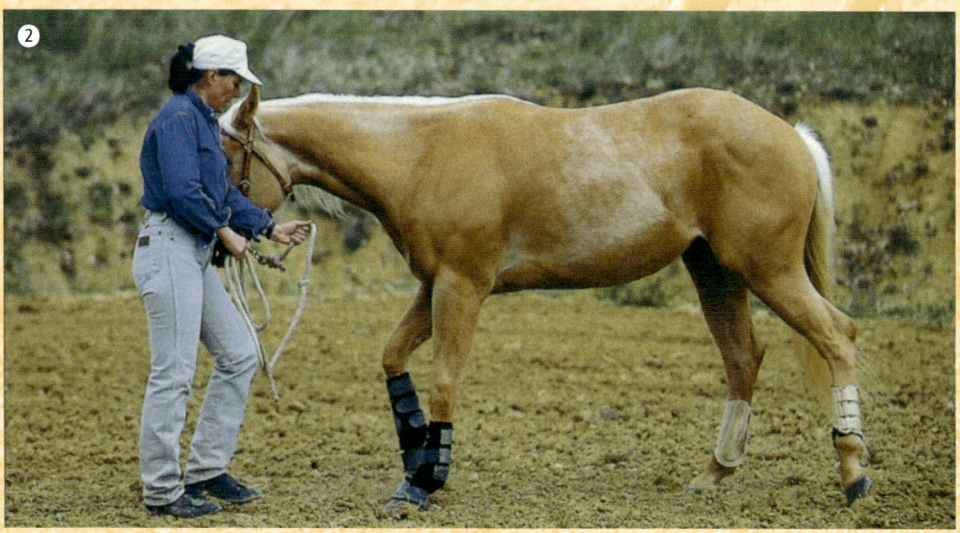

Cuando el caballo empieza el cuello debe quedar en posición horizontal; no hay que preocuparse si la cadencia se pierde durante el paso. Al principio el caballo duda y las extremidades se desplazan despacio, una tras otra. A medida que el caballo adquiere seguridad en los movimientos las extremidades empiezan a desplazarse por diagonales y los posteriores se remeten más bajo la masa. Un detalle importante: si el caballo tiene la cola muy larga, haced un nudo para que no se la pise y se haga daño en las vértebras.

Ejercicio 8 – Ceder a la tracción de la cuerda: flexionar la nuca

Poneos del lado izquierdo a la altura de la espalda. Coged la cuerda a unos treinta centímetros de la cabezada y aplicad una tensión ligera y constante. Esperad sin moveros: si el caballo desplaza las espaldas hacia vosotros, revisad el ejercicio n.° 6 (pág. 76) porque quiere decir que el caballo no es capaz de mover la cabeza independientemente del cuello.

Para ayudaros, podéis poner la mano derecha sobre el cuello sin empujar para incitar al caballo a que ceda y gire la cabeza. A la mínima cesión, soltad y recompensadlo. A base de repeticiones el caballo aprenderá a responder cada vez más rápido y a aflojar la cuerda él mismo al notar la tensión. Fijaos en que la mano no se mueve: es el caballo quien debe realizar el movimiento y aflojar la cuerda.

Aquí sigo pidiendo que ceda con la cuerda hasta que la potra baja la cabeza y empieza a ceder a la altura de la nuca; éste es un movimiento que tendré que enseñarle más adelante para poder movilizar la cabeza en todas direcciones. Para conseguir esta movilidad es preciso conseguir la relajación de los músculos largos del cuello.

Ejercicio 9 – Ceder a la tracción de la cuerda del lado opuesto

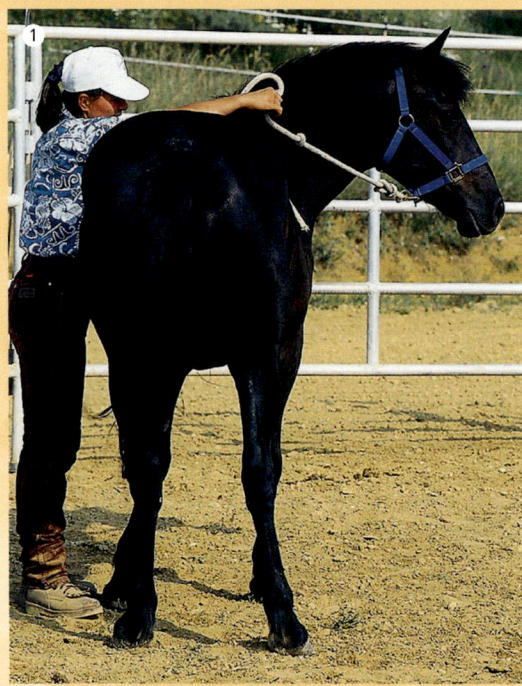

Para simular la tracción de las riendas, añado una dificultad al ejercicio poniéndome del lado opuesto a la acción de la cuerda. Hasta ahora siempre me he puesto en el lado de la tracción y el caballo puede tener tendencia a girar la cabeza hacia mí, como cuando está suelto, lo que no le enseña a ceder a la tracción de la cuerda.

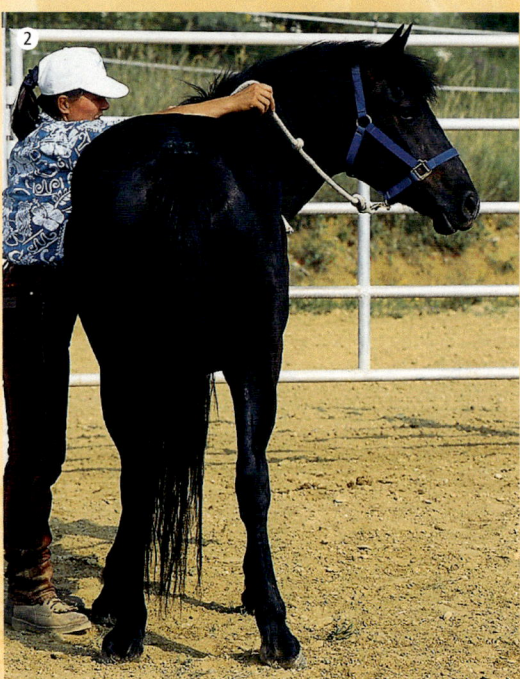

Para ello me pongo al lado izquierdo del caballo y paso el brazo por encima del cuello; cojo la cuerda con la mano derecha y le pido que gire la cabeza hacia la derecha. En este caso, al igual que ocurrirá más tarde cuando vaya montada, la mano debe quedar fija en el espacio, ejercer una tracción ligera y constante y esperar el resultado.

va herrado, ponedle campanas porque el tipo de movimientos que le vais a pedir implica con frecuencia desplazamientos laterales y es fácil que se pise o se alcance, especialmente si es joven.

Los objetivos del trabajo pie a tierra

Movilizar las tres partes (ver la página 53)

Hemos visto anteriormente que la cabeza, las caderas y las espaldas deben poder actuar de forma independiente o conjuntamente en movimientos de mayor o menor complejidad. Por ejemplo, el caballo debe poder caminar a vuestro lado al paso con la nariz girada hacia vosotros, desplazando las espaldas y las caderas en la dirección opuesta.

Esto es lo que algunos llaman trabajar «pensando en espalda adentro» y lo que se desarrolla posteriormente mediante ejercicios realizados a caballo; pero en realidad ya desde el suelo podemos aprender a movilizar estas tres partes.

Enseñar al caballo a ceder a la presión

En primer lugar, al igual que con el trabajo en libertad, tenéis que enseñar a vuestro caballo a ceder a la presión de la

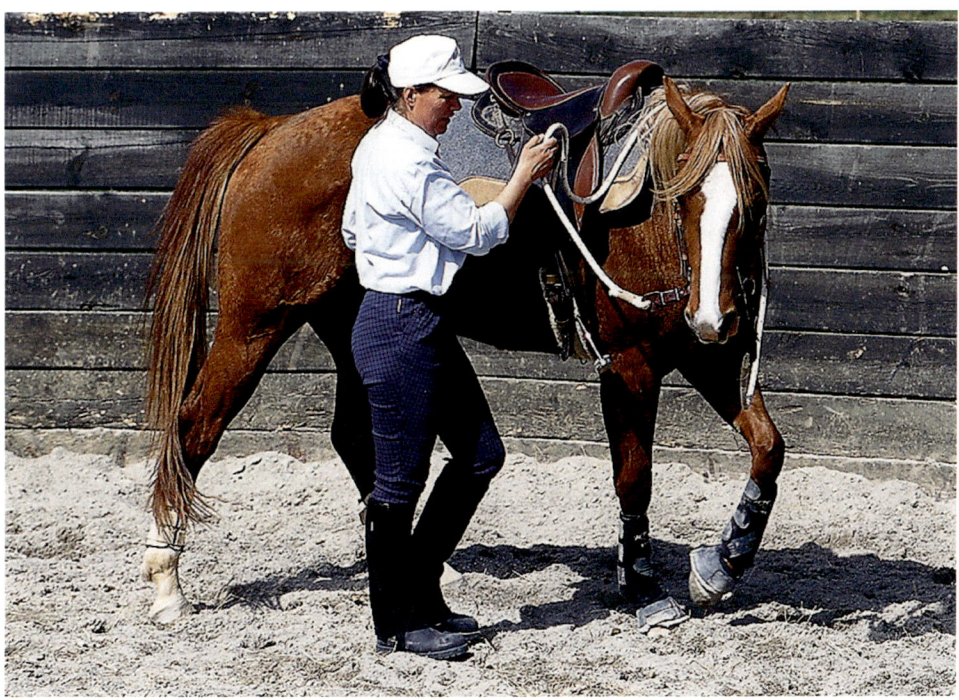

Enseñar al caballo a movilizar las tres partes del cuerpo, cabeza, caderas y espaldas: he ahí el objetivo del trabajo pie a tierra como preparación del trabajo montado.

Ejercicio 10 – Ceder a la tracción de la cuerda: «riendas largas»

Trabajar con riendas largas antes de montar un caballo joven es un excelente ejercicio de preparación del desbrave. El ejercicio que se muestra en esta foto antes de empezar a trabajar con las riendas largas enseña al caballo a movilizar la cabeza y el cuello independientemente de las caderas y las espaldas.

Me pongo detrás del caballo, después de haberme asegurado de que la grupa está correctamente desensibilizada, tenso la cuerda y espero que la potra ceda a la tracción girando la cabeza. No debe mover los pies.

El trabajo pie a tierra

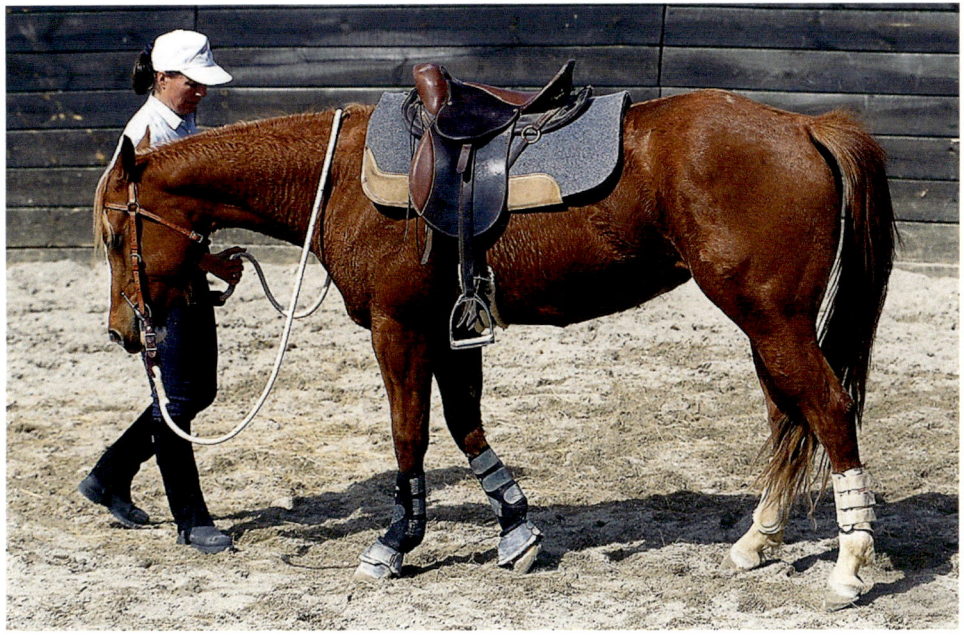

En el trabajo pie a tierra, el caballo debe aprender a ceder a la presión o tracción de la rienda única independientemente de la dirección del movimiento.

«masa de aire» utilizando el lenguaje corporal. Según la posición que toméis con respecto a él, más hacia las espaldas o hacia los posteriores, podéis hacer que ralentice o acelere. Si avanzáis hacia él lo haréis retroceder y si «desparecéis» alejándoos de él, lo «aspiraréis».

A continuación podéis enseñarle a ceder a una ligera presión de la mano poniendo, por ejemplo, la mano sobre el pecho para hacerle hacer paso atrás o sobre el flanco para enseñarle a ceder lateralmente el tercio posterior (indispensable antes de la lección con la pierna a caballo).

En tercer lugar, le enseñaréis a responder a la presión de la fusta para ir hacia delante. Para ello, utilizaréis las cuatro fases sucesivas (ver el capítulo de la página 42) para que responda antes de tocarlo con la fusta.

En último lugar, el caballo aprenderá a responder a la tracción de la cuerda sobre la cabezada en todas direcciones: hacia arriba, abajo, derecha, izquierda, adelante, atrás. Y si sustituís la cabezada por el filete, aprenderá a ceder a la presión de la embocadura sobre la boca y a ceder a la altura de la cabeza, las caderas y las espaldas en respuesta a la acción de una sola rienda ¡antes incluso de haberlo montado!

Conectar la rienda a las tres partes principales

Este procedimiento se describe con todo detalle en el capítulo 6 que trata el

Ejercicio 11 – Ceder a la tracción de la cuerda hacia abajo

Los caballos «rígidos» también son capaces de bajar la cabeza, porque todos los caballos saben pastar. Sin embargo, haced la prueba: veréis que el caballo que no conoce este ejercicio reaccionará resistiendo y levantando la cabeza. Poneos a su lado para mayor seguridad aplicando una tensión suave y constante hacia el suelo y esperad.

Si el caballo levanta la cabeza, no tiréis más que él. Aplicad simplemente la misma fuerza, resistiendo, y acompañad el movimiento hacia arriba; la cuerda debe permanecer tensa y la tensión no debe disminuir; el caballo buscará alguna alternativa para rehuir la incomodidad de la presión de la cabezada. Observad muy atentamente la cabeza: en cuanto veáis o sintáis en la mano un mínimo movimiento descendiente, aflojad la tensión inmediatamente abriendo la mano.

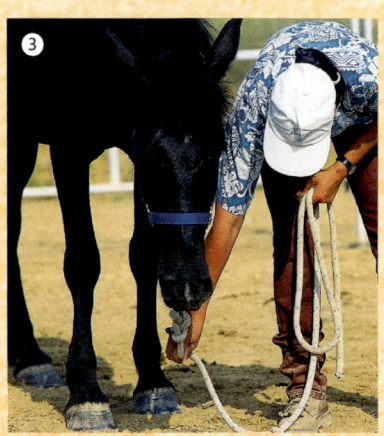

Progresad de esta manera centímetro a centímetro hasta que el caballo baje la nariz hasta el suelo. No esperéis hacerle bajar la cabeza de golpe de buenas a primeras, sino fraccionar la distancia mediante aproximaciones y retiradas sucesivas y dejadle tiempo para entender el ejercicio.

Nota. Hay quien utiliza golosinas para conseguirlo. Personalmente animo a mis alumnos a no hacerlo porque esto les obliga a mejorar su timing, lo que será fundamental a la hora del trabajo a caballo. Además, la atracción de las golosinas no enseña a ceder a la presión de la cabezada en la cabeza. Me permito recordar que todos los caballos saben bajar la cabeza, pero muy pocos saben ceder a la presión hacia abajo. Este ejercicio es indispensable para reeducar a un caballo que tira de la boca o que se pone de manos.

Ejercicio 12 – Ceder a la tracción de la cuerda hacia delante

No hay nada más enervante –¡ni más peligroso!– que un caballo aculado que no quiere ir hacia delante cuando siente la tensión de la cuerda, especialmente porque todos los caballos saben ir hacia delante. El procedimiento que hay que seguir consiste nuevamente en aplicar una tensión constante y en esperar.

Es fundamental aflojar la tensión en cuanto el caballo avanza y estirar el brazo sin dudarlo. Este ejercicio va muy bien, por ejemplo, para enseñar al caballo a subir a un remolque. En este caso no recurráis tampoco a la zanahoria o al pienso. La atracción con alimentación en ciertas circunstancias resulta insuficiente, en cambio la buena educación nunca falla.

trabajo montado, pero propongo aquí algunas consecuencias de la utilización de la rienda o la cuerda única: el contacto y la presión que ejerce la mano mediante la embocadura o la cuerda provocan en el caballo una incomodidad que le lleva a buscar un movimiento que sirva librarse de ella.

Si la mano del jinete está dispuesta a ceder y soltar la presión después de cada buena respuesta del caballo, éste aprenderá a interpretar el lenguaje del jinete (voz, posturas, mirada, intención…) cada vez mejor y más rápidamente. ¡Es un auténtico especialista en la materia!

De esta manera el jinete puede hacer que cada una de las partes de caballo (cabeza, caderas, espaldas) se muevan mediante una única herramienta: la mano que lleva la rienda o la cuerda.

Enseñar al caballo la utilización de la embocadura

Vamos a hacer que todo sea sencillo para el caballo y el jinete. Ahora vamos a hablar únicamente de educación a caballo y no de equitación. Cuando la cuerda está enganchada a la anilla derecha o izquierda de la embocadura, la mano ejerce una acción directa sobre el filete, que permite controlar las tres partes principales del cuerpo: cabeza, caderas, espaldas. Cada vez que efectuáis una ligera tracción sobre la cuerda, el caballo debe aprender a ceder, es decir, a aflojar la cuerda cediendo a la altura de la cabeza, las caderas o las espaldas.

De esta forma establecéis un lenguaje simple y eficaz que os permite comunicaros mejor con el caballo y mantenerlo ligero.

No olvidéis lo más importante: **la mano debe pedir (no tomar), esperar y soltar antes de que el caballo empiece a ceder.**

En resumen, el trabajo pie a tierra os permite enseñar al caballo todos los ejercicios preparatorios del trabajo montado sin tomar riesgos. Si, por ejemplo, estáis domando un potro, todo será más fácil para él y para vosotros si le habéis enseñado cómo funciona la rienda única desde el suelo. Esto os permitirá desde los primeros minutos a caballo, controlar cada uno de los movimientos y evitar patadas y botes…

Capítulo 6

Las bases del trabajo a caballo

Todo el trabajo de educación que hemos hecho a lo largo de los capítulos anteriores, primero en libertad, después pie a tierra, nos va a servir ahora en el trabajo que vamos a realizar montados. Hemos establecido unos cimientos sólidos sobre los cuales construir el resto del edificio.

El trabajo montado, la equitación, es la movilización de la cabeza, las caderas y las espaldas del caballo encadenando movimientos más o menos complejos y atléticos.

La finura de las ayudas condiciona la ligereza del conjunto, lo que significa que el caballo ha aprendido a ceder a la presión o la tracción en vez de apoyarse y resistir.

Educación a caballo y seguridad

Cuando vayamos montados vamos a educar al caballo al igual que hemos hecho pie a tierra o en libertad. Los conceptos etológicos desarrollados en los primeros capítulos son igualmente ciertos para el trabajo a caballo y no tenemos que cambiar de comportamiento por el hecho de ir montados.

El depredador que somos por naturaleza debe transformarse ahora en un profesor y la presa que montamos debe pasar a ser un compañero confiado, atento y con buena disposición para el trabajo.

Nuestra principal preocupación debe ser la seguridad. En cuanto estemos montados, debemos controlar perfectamente todos y cada uno de los movimientos del caballo.

Pedagogía ecuestre

Este capítulo no tiene la pretensión de ser un tratado de equitación. En esta materia, dejo que sean otros quienes se ocupen de esta labor.

Ya lo he dicho y lo repito: este método pretende ante todo hacer pedagogía ecuestre y facilitar las bases del trabajo montado tanto al caballo como al jinete. Yo misma en mi juventud me he pasado horas y horas dando vueltas en un picadero intentando comprender los rudimentos de una espalda adentro o un apoyo sin jamás haberlo conseguirlo.

Admito que no soy una superdotada, pero me he dado cuenta de que gracias a la educación pie a tierra y al trabajo con una sola rienda empiezo al fin a comprender, a mis más de cuarenta años, las bases del funcionamiento mecánico de los movimientos del caballo.

Este capítulo trata del trabajo con una rienda y de la utilización de la misma por la mano del jinete. Las demás ayudas, especialmente las de las piernas, por muy primordiales que sean para dar impulsión y poner el «motor» en marcha, no se contemplan con detalle porque no tengo nada nuevo que decir al respecto...

Tres partes, seis direcciones

Si sabéis descomponer y analizar cada movimiento de equitación mediante la fórmula siguiente:

¿QUIÉN SE MUEVE Y HACIA DÓNDE?

O dicho de otro:

– Qué parte del caballo debe moverse: cabeza, caderas o espaldas.
– Y en qué dirección: hacia arriba, abajo, derecha, izquierda, delante, atrás.

Y si le habéis enseñado y habéis aprendido vosotros mismos a ceder a una presión de 0,2 gramos en los tres puntos principales, cabeza, caderas, espaldas y en las seis direcciones:

ENTONCES ESTARÉIS PREPARADOS PARA REALIZAR TODOS LOS MOVIMIENTOS DE EQUITACIÓN INDEPENDIENTEMENTE DE SU COMPLEJIDAD

Hay quien diría que esto es simplista. Es cierto que no se puede reducir el arte ecuestre tal y como lo practican los grandes jinetes a una simple mecánica básica. La Gran Equitación es algo más:

poesía, escultura viva, música de los cuerpos...

Pero para todos los que como yo están en el ABC de la comprensión de este arte, es preciso que haya referencias, que todo el mundo sea capaz de comprender y utilizar.

Por consiguiente, yo me inclino por la simplicidad.

El equipo

¿A pelo?

Por influencia de algunos, durante cierto tiempo hice muchas demostraciones públicas montando caballos a pelo, pero mirándolo con perspectiva, no creo que sea bueno incitar a la gente a hacerlo, porque la silla no sólo se ha inventado para la comodidad del jinete, sino principalmente para el confort del caballo: sirve para repartir el peso del jinete sobre el dorso del caballo. Bien es verdad que montar a pelo es un auténtico placer, pero si lo hacéis, no lo hagáis con un caballo joven y no montéis demasiado rato a menos que seáis un peso pluma.

La silla

Según el estilo que os guste o la disciplina que practiquéis, escoged la silla que os convenga; lo único importante para vuestro caballo es que sea lo más grande posible para repartir mejor el peso y sobre todo que el tamaño del arzón y el asiento estén bien adaptados a la morfo-

Ejercicio 1 – La primera monta: inmovilidad

Antes de pedir la inmovilidad en el momento de montar, hay que haber educado al caballo y haberle enseñado a respetar la inmovilidad en el trabajo en libertad y pie a tierra. Si éste no es el caso, antes de montar hay que repasar todas estas lecciones.

Para la primera monta de un caballo joven aconsejo proceder de la siguiente forma: girar la cabeza ligeramente hacia la izquierda sin contacto y coger además de la rienda un puñado de crines. Coger la silla con las dos manos la hace girar un poco. Dejad la rienda derecha suelta para no atraer hacia vosotros las espaldas del caballo en caso de problemas. Poned la mano derecha sobre el borrén trasero para poner más peso atrás y ayudar al caballo a equilibrarse.

Una vez montados, no le pidáis que avance. Al contrario, quedaos quietos uno o dos minutos para evitar que coja la costumbre de anticiparse y moverse sin permiso. Relajaos, instalaos cómodamente en la silla y acariciad al caballo por delante y por detrás. Si es un caballo inexperto, debe comprender a lo largo de los primeros minutos que la «cosa» que lleva encima se mueve y no descubrirlo con horror al cabo de un momento.

Las bases del trabajo a caballo

Para el trabajo a caballo básico utilizo un filete de palillos con tiendas de cuerda marina.

medio (de 12 a 15 mm de diámetro). Se trata de una embocadura tradicional que se puede encontrar en cualquier tienda de equitación. No se puede utilizar en competición de equitación *western*, pero en Estados Unidos la mayor parte de los entrenadores la utilizan para trabajar sus caballos. Es la embocadura más pedagógica que existe para el caballo, porque empuja claramente sobre el lado opuesto a la tracción de la rienda y no requiere el uso de una muserola o cadenilla (a menos que el jinete tenga muy mala mano).

La embocadura como medio de comunicación

En los primeros capítulos hemos hablado de la necesidad de comunicarnos con el caballo mediante un lenguaje que pueda comprender.

A continuación os facilito los datos de este lenguaje.

Comodidad/incomodidad

La embocadura crea una sensación de incomodidad en la boca del caballo que es extremadamente sensible.

Esta incomodidad es relativa, pues la embocadura puede estar inactiva. En efecto, una embocadura bien colocada al cabo de unos minutos deja de molestar, el caballo se adapta rápidamente a este nuevo objeto y en menos de media hora deja de intentar librarse de ella.

En cambio, en cuanto la embocadura entra en acción, la tensión de la rienda

logía del caballo. No debe haber asperezas que lo puedan rozar y debe ponerse una buena mantilla para mayor protección del dorso. ¡No dudéis en utilizar protectores de dorso porque al caballo le van muy bien!

La embocadura

Para la educación del caballo utilizo un filete de palillos de cañón articulado

Ejercicio 2 – Trabajo con una rienda/Los gestos de las manos

Ejemplo 1.

La mano derecha coge las riendas por la costura y se levanta para permitir que la mano izquierda coja la rienda izquierda más corta sin tener que volcar el cuerpo hacia delante. Sólo muevo los brazos. Al principio, entrenaos sin caballo. Fabricaos unas riendas ficticias y practicad utilizando las manos de forma independiente.

La mano izquierda coge la rienda y la mano derecha baja hasta la cruz, de manera que la rienda derecha cuelgue completamente. La rienda izquierda entra en contacto con la boca del caballo siempre con suavidad y de forma constante y le pide que ceda la cabeza.

ATENCIÓN: No hay que tirar de la cabeza, sino esperar que el caballo responda cediendo y flexionando el cuello.

Ejercicio 2 – Trabajo con una rienda / Los gestos de las manos (cont.)

Ejemplo 2.

No dudéis en coger la rienda izquierda con la mano derecha. Esto no es muy académico, pero sin duda es mucho más fácil. Así puedo utilizar la mano izquierda para activar los posteriores dándome golpecitos en el muslo. Mi objetivo es desplazar la espalda izquierda hacia la derecha, manteniendo la ligereza y la incurvación del cuello hacia la izquierda. Si la potra se apoya en el filete y desplaza la espalda hacia la izquierda, yo mantengo el contacto con la rienda izquierda.

Esta vez como la espalda ya ha cedido a la presión, yo aflojo la tensión inmediatamente para que la yegua entienda que ha respondido correctamente. Las espaldas se desplazan hacia la derecha y la cabeza mira hacia la izquierda sin apoyarse en el filete. El movimiento es fluido y ligero porque es la potra quien me lo da y no yo quien lo toma.

Ejercicio 3 – Pedir, esperar y soltar

El arte de la ligereza consiste en saber observar y sentir el momento de pedir, el tiempo de espera y cuándo es el momento de aflojar. Mi objetivo en esta foto es pedir la cesión de la cabeza al paso. Pongo la potra al paso, mantengo un contacto ligero y constante con la rienda izquierda hasta que pliega la cabeza hacia la derecha. Fijaos en que la rienda izquierda está totalmente floja, lo que permitirá la flexión del cuello hacia la derecha.

En cuando la potra cede a la acción del filete, relajo la rienda derecha inmediatamente para indicarle que ha respondido bien; debe continuar al paso con el cuello flexionado. Lo ideal al principio es soltar en cuanto el caballo piensa en ceder, aunque tan sólo sea unos centímetros. A base de repetir, la cabeza gira cada vez antes y más pronunciadamente.

Las bases del trabajo a caballo

produce en el caballo una molestia e incomodidad que intentará rehuir.

Motivación

Antes hemos mencionado la necesidad de motivar al caballo y darle una razón válida para efectuar los movimientos de equitación que le pedimos.

La incomodidad que produce la embocadura no lo es en absoluto.

Imaginad que os ponen un trozo de hierro en la boca y que alguien se pone a tirar de él. Enseguida intentaréis encontrar la manera de poner la cabeza para rehuir la presión que la embocadura ejerce en la boca. Si la presión es constante independientemente de la posición de la cabeza, estaréis desesperados, pero poco a poco aprenderéis a soportar el dolor o la incomodidad que produce ese objeto y a dejar de preocuparos. Si en cambio, os dais cuenta de que cuando giráis la cabeza a la izquierda, por ejemplo, la embocadura deja de tirar, entonces intentaréis poner la cabeza en la o las posiciones «antiálgicas», es decir, las que suprimen el dolor o la incomodidad que sufrís.

Por consiguiente, la embocadura se convierte para el jinete en una herramienta que crea una motivación para hacer ejecutar al caballo tal o cual movimiento de cabeza, cadera o espalda.

¡Pero cuidado! Esto sólo funciona con una condición: **el jinete debe dejar de actuar sobre la embocadura, dejar de crear una incomodidad en el caballo en cuanto consigue el movimiento solicitado**.

Si la incomodidad persiste en todos los movimientos efectuados por el caballo, independientemente de que sean buenos o malos, éste se acostumbrará rápidamente a esta molestia adicional y se volverá sordo de boca.

Esto rápidamente se puede convertir en lo que se ve con demasiada frecuencia: una escalada en la búsqueda de una embocadura más dura con la esperanza de poder controlar mejor al caballo...

Por desgracia, ésta es una carrera sin fin. De una vez por todas diré claramente que la calidad del movimiento nunca se consigue gracias al aparato o al tipo de embocadura utilizado. Lo único importante es la mano del jinete que la utiliza. Sea cual sea el tipo de embocadura que utilicéis, antes de pensar en cambiar de embocadura, dedicaos a educar vuestra mano: ahorraréis tiempo y dinero.

El trabajo con una rienda

Tan sólo había que pensar en ello:

Una rienda + una rienda = dos riendas

Hasta mis primeros cursillos en Estados Unidos, no me había percatado de esta idea que resulta evidente y llena de sentido común, y sin embargo... todo el mundo habla siempre de la rienda interior y la exterior. Desde siempre está claro que ambas riendas tienen una función y un efecto específico, pero nin-

Ejercicio 4 – Conectar la embocadura con las demás partes del cuerpo

Al entrar en contacto con la embocadura mediante una rienda, el jinete relaciona la embocadura con una parte del cuerpo y la moviliza en una dirección determinada. La rienda actúa como un teléfono que se cuelga al recibir la respuesta correcta. La rienda única sirve para desplazar tanto las caderas como las espaldas, y la cabeza debe mantener la ligereza durante el desplazamiento.

Ejercicio 5 – Conectar la embocadura con las espaldas

En esta serie mi objetivo es enseñar a la potra a desplazar las espaldas hacia la derecha manteniendo la cabeza a la izquierda. Para efectuar este movimiento correctamente, es preciso, por una parte, que la cabeza esté disponible y ligera, y que la parte posterior motora permanezca activa. Aquí el anterior derecho se desplaza ligeramente hacia la derecha a demanda de la rienda izquierda.

Sigo pidiendo el desplazamiento de las espaldas y esta vez el anterior izquierdo se cruza por delante del anterior derecho. Sólo actúo con la rienda izquierda: pido y cedo en cada paso. La rienda derecha no actúa. La yegua tiene la cabeza relajada y la nuca baja, a la altura de la cruz.

La potra afloja la tensión de la rienda izquierda y esto es lo que yo estaba esperando para finalizar el ejercicio aflojando completamente. En efecto, el objetivo del ejercicio no es mantener al caballo en una posición determinada, sino enseñarle a hacer el movimiento llevándose a sí mismo.

gún profesor me había enseñado de manera sistemática la utilización de ambas riendas. Y, sin embargo, es algo fundamental que todo el mundo debiera tener claro. ¿Por qué? Porque el caballo entiende más rápido (y nosotros también) si le fraccionamos las dificultades en pequeñas etapas sencillas.

En los ejercicios que hemos trabajado pie a tierra, el caballo llevaba un filete y le hemos enseñado a ceder a la tracción de una sola rienda. Le hemos enseñado a conectar la embocadura con las distintas partes del cuerpo: cabeza, caderas, espaldas (ver la página 111). Para todos estos ejercicios estábamos a su lado y nuestra mano ejercía una acción directa sobre una sola rienda para hacer que se movieran las tres partes.

Una vez montados es más fácil y evidente para el caballo responder a un ejercicio totalmente similar al que ha efectuado con el jinete en el suelo, en vez de añadir enseguida una dificultad adicional, como responder a la acción de una segunda rienda. Además, el caballo principiante que montamos por primera vez tendrá tendencia a asustarse si el jinete le boquea la cabeza mediante la acción simultánea de dos riendas. En efecto, lo hemos visto en los primeros capítulos, el instinto de huida empieza en la cabeza y el caballo novel tiene ya suficientes dificultades nuevas que gestionar como para añadir otras inútiles.

Así pues, cuando estoy montada y al inicio de la educación a caballo, utilizo exclusivamente una rienda a la vez hasta que el caballo se muestra absolutamente constante en este trabajo.

El trabajo con una rienda no significa en ningún caso disponer de una sola rienda (o cuerda en caso de usar una cabezada de cuadra): hay gente que lo preconiza, pero personalmente aconsejo llevar una rienda de cada lado y poder utilizar una u otra para mayor seguridad y control. Al igual que en el trabajo pie a tierra, vamos a controlar la cabeza, las caderas y las espaldas a partir de la embocadura utilizando una sola rienda.

Nota. He indicado la posibilidad de trabajar pie a tierra con dos riendas, pero esto se convierte rápidamente en un ejercicio de estilo que puede resultar peligroso por falta de precisión y de control si el caballo mide a la cruz 1,75 m y la amazona 1,50 m.

Las bases del trabajo a caballo

La embocadura actúa como un teléfono

John Lyons compara a menudo la embocadura con un teléfono: es un medio de comunicación que os permite conectar directamente con las distintas partes de cuerpo: cabeza, caderas, espaldas.

Con una sola rienda podéis mover cada una de las tres partes enseñando al caballo a adivinar qué parte tiene que mover para que cese la acción de la embocadura en la boca.

Para ello, conectáis la mano a través de la rienda con la parte que queréis mover: cabeza/caderas/espalda.

A continuación os muestro cómo se desarrolla esquemáticamente la conversación:

➤ Descuelgo el teléfono: acción de la rienda.
➤ «¡Hola caderas!»: desplazaos tres pasos hacia la izquierda; las caderas se desplazan hacia la izquierda.
➤ Cuelgo el teléfono, termina la conver-

«¡Hola caderas!»: desplazaos tres pasos hacia la izquierda; las caderas se desplazan hacia la izquierda.

Cuelgo el teléfono, termina la conversación, he conseguido la respuesta que quería; aflojo la rienda.

Ejercicio 6 – Trabajo con una rienda: mover las caderas / Rienda derecha, caderas hacia la izquierda

Mi objetivo aquí es enseñar a la potra a desplazar las caderas hacia la izquierda mediante la rienda derecha. Este ejercicio se lo he enseñado previamente pie a tierra, en el capítulo anterior (ver pág. 101). Tomo la rienda derecha y entro en contacto con la boca. Primero pido que ceda, aflojo una fracción de segundo y retomo el contacto con la boca, colocando la mano detrás del borrén trasero para desplazar las caderas.

Hago la castañuela y no dudo en mirar el posterior que quiero que se desplace: con mi lenguaje corporal facilito la comprensión del caballo. Aquí el posterior derecho se cruza por delante del posterior izquierdo.
En esta fase, evito utilizar la pierna derecha para empujar las caderas hacia la izquierda: la lección de la pierna aislada vendrá más adelante cuando el caballo haya adquirido perfectamente la lección de la embocadura.

La potra no sólo termina el movimiento de las caderas hacia la izquierda, sino que afloja la rienda ella misma en vez de apoyarse en ella: de esta manera obtengo simultáneamente la cesión de la cabeza y las caderas, lo cual ya es todo un progreso. En efecto, al principio, el caballo principiante cede la cabeza o las caderas, pero difícilmente ambas cosas a la vez. Al poner la mano en el borrén trasero me aseguro de que el caballo no puede apoyarse en mi mano y jugar con ella como si se tratara de un «yoyó».

Ejercicio 7 – Trabajo con una rienda: mover las espaldas / El «trenecito»: rienda izquierda, cabeza y espaldas hacia la izquierda

Mi objetivo aquí es enseñar a la potra a que siga la punta de su nariz al igual que los vagones que van detrás de la locomotora. La primera fase consiste en enseñarse a ceder a la izquierda mediante la rienda izquierda. La rienda derecha no hace nada. Las espaldas deben seguir el movimiento y desplazarse hacia la izquierda.

Si la cabeza pesa y se apoya en el filete, sigo pidiendo; el anterior derecho está a punto de cruzarse ligeramente por delante del anterior izquierdo, lo que es un buen principio, pero la visión de conjunto no es de ligereza. La potra no está en el movimiento, sino que se apoya. Tengo que insistir en la misma posición hasta que entienda el movimiento que le pido.

Esta vez el movimiento es mucho más ligero: el posterior está muy remetido bajo la masa porque las caderas empujan más que antes, lo que aligera el tercio anterior. La rienda está ligeramente distendida y la cabeza se aguanta sola a pesar de la acentuada flexión a la izquierda.

Nota. En esta serie no se trata de hacer que la yegua pivote sobre los posteriores, sino simplemente de que las espaldas sigan la punta de la nariz del caballo al paso.

sación, he conseguido la respuesta que quería; aflojo la rienda.

Pie a tierra puedo hacer mover con la misma rienda aislada la cabeza, las caderas o las espaldas y a caballo puedo igualmente controlar el movimiento de cada una de las tres partes muy fácilmente a partir de una única rienda.

Pedir/esperar/aflojar

¡Lo más difícil de aprender y lo más importante es educar nuestras manos!

Si la mano no espera hasta conseguir el movimiento deseado antes de aflojar la rienda, lo que hace es enseñar al caballo un movimiento no deseado o incompleto, porque lo que indica al caballo la buena respuesta es la interrupción de la demanda que se la ha hecho, que suspende su situación de incomodidad.

Esto significa que toda acción discontinua de la rienda tipo «pido, aflojo, pido, aflojo…» está contraindicada mientras la relajación de la mano no se corresponda con el movimiento que se ha pedido.

De igual manera, si la mano del jinete deja de intervenir demasiado tarde, no indica al caballo cuál es el buen movimiento, de ahí la dificultad: si queremos comunicarnos con las manos de manera precisa, el *timing* debe ser perfecto.

Cuando se pide un ejercicio nuevo, no hay que dudar a la hora de aflojar y hacerlo en cuanto el caballo «piensa» en realizar el movimiento que se le está pidiendo.

La utilización de las cuatro fases sucesivas (ver la página 42) es fundamental para actuar con ligereza. Si quiero que mi caballo responda al más mínimo contacto, tengo que llegar a su boca lentamente, con la esperanza de que responda desde el mismo principio de la acción de la mano con la rienda colgando, sin esperar que el bocado tenga que hacer presión en la boca.

Por ejemplo, la primera vez que le enseñamos a hacer paso atrás montado, es importante pedir el paso atrás con una sola rienda, relajando la mano en cuanto el caballo cede en la nuca y en cuanto el peso empieza a pasar al tercio posterior: no esperéis que levante alguna de las extremidades para ceder. Cuanto más rápidos seáis cediendo al atisbar el inicio del paso atrás, más rápido aprenderá el caballo. A partir del segundo o tercer intento, conseguiréis un paso o dos sin defensas por parte del caballo.

Lo que indica al caballo si va por buen camino o no, es la mano del jinete interrumpiendo o manteniendo su acción en el momento oportuno.

La gallinita ciega

Seguramente habréis jugado a este juego de niños. Con los ojos vendados hay que atrapar a otra persona y reconocerla: la única ayuda posible son las pistas de los compañeros: «¡Caliente!», «Tibio…». Imaginad que estáis en la misma situación, a ciegas en un lugar totalmente desconocido lleno de trampas y sin nadie para guiaros hacia el objetivo: exactamente eso es lo que debe sentir el caballo cuando lo montáis si no le dais ninguna indicación para adivinar

Ejercicio 8 – Trabajo con una rienda: mover las espaldas / Rienda derecha, cabeza a la derecha, espaldas hacia la izquierda

Esta vez mi objetivo es desplazar las espaldas hacia el lado contrario a la flexión del cuello. Primero pongo el motor en marcha: la yegua va al paso. En un primer momento, le hago girar la cabeza a la derecha con la rienda derecha haciéndola caminar en línea recta (ver el ejemplo «marcha + pliegue» de la página 99). La cabeza no debe pesar ni apoyarse en la embocadura: debe aguantarse por sí misma.

Cuando veo que la yegua se siente cómoda, le pido que desplace las espaldas con la rienda derecha hasta que el anterior derecho se cruce por delante del izquierdo; las espaldas deben ceder a la presión y desplazarse hacia la izquierda. He conectado la embocadura con las espaldas y, en el momento en que consigo una buena respuesta, cedo inmediatamente.

la dirección del movimiento que queréis que haga.

Ejemplo:
1. Tomo contacto con la rienda derecha: mi objetivo es que el caballo baje la cabeza.

en bajar la cabeza no respondo inmediatamente diciéndole «caliente» y relajando la tensión, tardará mucho en encontrar la respuesta adecuada.

La rienda, al resistir o ceder, es el medio que tenemos para hacer comprender

2. El caballo intenta saber en qué dirección debe ir y qué movimiento debe hacer para librarse de la incomodidad que le produce la embocadura.
3. Intenta hacia arriba, hacia la derecha, hacia arriba nuevamente, hacia la izquierda... si la tensión persiste, seguirá buscando.
4. Si cuando hace el más mínimo movimiento hacia abajo y empieza a «pensar»

al caballo si va por buen camino o no. Si cede cuando no debe, lo que hace es indicarle que va bien, pero si al segundo siguiente recibe un castigo por lo mismo, el caballo se hace un lío y el trabajo se convierte en algo fastidioso para él. Si por el contrario se encuentra con una mano que nunca cede y siempre tira, el caballo pasa a ignorar este lenguaje que no entiende y se vuelve «sordo» a la mano.

Ejercicio 9 – Paso atrás

Mi objetivo es enseñar al caballo a hacer paso atrás primero con una rienda y después con la otra. Empiezo a hacerle ceder la cabeza; con la rienda derecha, le pido una muy ligera flexión a la derecha y sobre todo la cesión de la nuca. Si en este momento la potra se apoya y levanta la cabeza, hay que repasar imperativamente los ejercicios anteriores. Nunca hagáis retroceder al caballo con la cabeza arriba y el dorso hundido: podría lesionarse y además es la vía directa a la defensa, que consiste en ponerse de manos.

Tomo contacto con la rienda derecha y después lentamente con la rienda izquierda: en cuanto el caballo empieza a «pensar» en ir hacia atrás, es decir, en cuanto noto el peso del cuerpo desplazándose hacia los posteriores, aflojo el contacto y vuelvo a pedir varias veces hasta que el caballo empieza a mover alguna de las extremidades. Al principio no hay que esperar un paso atrás correcto con un desplazamiento por bípedos diagonales.
El caballo, un tanto inseguro, empezará desplazando una y otra extremidad lentamente. Acariciadlo mucho en caso de progresos, incluso si éstos son ínfimos.

Poco a poco la potra adquiere seguridad y acepta el contacto en ambas riendas durante el paso atrás. Sin embargo, la cabeza pesa lo que quita ligereza a las espaldas: hay que añadir impulsión para remeter más los posteriores bajo la masa y aligerar el tercio anterior. En este caso, sigo pidiendo sin ceder hasta que la potra se aguanta sola en la posición correcta. Es importante no pedir demasiado, demasiado pronto. ¡Recordad que para progresar rápido hay que ir despacio! No forcéis al caballo para conseguir el paso atrás porque le amargaréis la existencia.

El lenguaje corporal

Nuestro primer objetivo en el proceso educativo del caballo es «conectar» la rienda derecha o izquierda con alguna de las tres partes principales: cabeza, caderas o espaldas, para desplazarlas en una u otra dirección. Pero ¿cómo hacer que el caballo sepa si lo que debe desplazar son las caderas o las espaldas y en qué dirección? Es muy sencillo:

«If you think different, you are different»

Ésta es una de mis frases favoritas de John Lyons.

«Si piensas diferente, eres diferente»

Esta frase sirve para dar respuesta a las numerosas preguntas que mucha gente hace: «¿Cómo funciona?». «¿Cómo se hace para que el caballo entienda qué parte del cuerpo debe mover y en qué dirección?»

Al establecer contacto con la boca a través de la rienda, el caballo intenta adivinar qué tiene que hacer, leyendo vuestro lenguaje corporal, exactamente igual que con el trabajo en libertad. Si habéis aprendido a concentraros al máximo en el objetivo que os habéis planteado y tenéis una imagen mental clara del movimiento que queréis hacer, vuestro cuerpo actuará como un indicador.

Haced la siguiente prueba: sentaos sobre una superficie dura y plana; poneos rectos para sentir el isquion (el hueso que hay dentro de la nalga). Separad los pies y ponedlos planos; cerrad los ojos y preparaos para levantaros precipitadamente saliendo hacia la derecha en respuesta a una señal. Inconscientemente, pondréis más peso en el isquion y el pie derecho preparando la salida.

El caballo es capaz de sentir una mosca, de manera que si desplazáis un peso prácticamente imperceptible de una a otra nalga, el caballo, mediante la repetición, identificará esta señal como una indicación de movimiento.

En cuanto a vosotros, no hace falta que os dediquéis a codificar este lenguaje de forma consciente: en vez de complicaros la vida con una letanía de posiciones académicas tipo: «retrasa la pierna, pon peso en la nalga izquierda, retrasa los hombros…», que convierten la equitación en algo muy complicado y engorroso, contentaos con concentraros y visualizar mentalmente el movimiento que queréis hacer y el cuerpo hará lo necesario para hacérselo saber al caballo.

El asiento

Esta palabra con frecuencia abarca, para muchos jinetes, conceptos muy poco claros. Sin embargo, es muy simple: se trata de ir sentado. No hablo de trote sentado o levantado, quiero decir simplemente que para montar bien a caballo hay que saber ir bien sentado. Ir sentado quiere decir apoyarse bien en los ísquiones (los dos huesos que se sienten al sentarse en un asiento duro y plano). Así pues, esto quiere decir no cargar peso en los estribos.

Las piernas deben «colgar» de cada lado del caballo, en posición vertical y no

Ejercicio 10 – Parada de emergencia

Tal y como su nombre indica, no se trata de una parada académica, sino más bien de una parada a la cual poder recurrir en caso de emergencia. Por consiguiente, el objetivo es enseñar al caballo un ejercicio muy específico que iremos repasando periódicamente y que nos permitirá evitar una catástrofe, además de mantener el caballo bajo control en caso de problemas, independientemente de cuales sean las circunstancias.
La parada de emergencia se puede utilizar para hacer que el caballo deje de pegar patadas y de botarse, para pararlo si hace espantadas o se va de caña, para controlarlo si se pone de manos... En resumen, es la solución milagro a mucho males y os aconsejo que la utilicéis en caso de necesidad.

Ante todo, hago que el caballo vaya hacia delante; antes de pedir el ejercicio al trote y al galope, comprobad que el caballo lo haya entendido bien al paso.
La potra está relajada, las riendas están totalmente sueltas, me lleva como si fuera un pasajero «ausente».

Tomo contacto con la boca mediante la rienda izquierda corta y le pido que ceda la cara. Al principio, los gestos deben ser lentos, pero poco a poco hay que ir aumentando la frecuencia de los movimientos de la mano para que el caballo, en caso de emergencia, no se ofusque por la brusquedad de vuestros movimientos.
Por una vez, hay que actuar sobre la boca del caballo sin brusquedad pero con bastante rapidez.

Ejercicio 10 – Parada de emergencia (cont.)

3

Cada vez me inclino más hacia atrás y sigo tomando la cabeza de la yegua. Empleo la expresión «tomar» porque es uno de los pocos ejercicios en que no esperamos que el caballo nos dé lo que pedimos: al ser un caso de urgencia no hay que tener miedo de ser firmes; la cabeza debe seguir la mano todo lo posible hacia el lado y hacia atrás.

4

Sigo con la misma acción constante con la rienda izquierda y aquí se ve que el posterior empieza a remeterse más bajo la masa: el equilibrio del caballo empieza a cambiar y hay más peso en el tercio posterior que en la foto anterior. Sin embargo la trayectoria sigue siendo la misma.

5

Las espaldas ya están en una pista interior y las caderas empiezan a desplazarse hacia la derecha. Llevo la mano retrasada y bien fija. No dudéis en coger el borrén trasero con la mano que está retrasada para que el caballo no pueda moverla; debe quedar totalmente fija y el caballo tiene que tener la sensación de estar atado a una anilla.

6

Al desplazarse hacia la derecha los pies dejan de estar remetidos y el impulso de las caderas queda reducido. No cambio de posición y el hecho de mirar hacia el posterior en todo momento refuerza el lenguaje corporal y contribuye a desplazar las caderas hacia la derecha.

7

Es muy posible que el desplazamiento de los posteriores hacia la derecha también pare la espalda exterior derecha e interrumpa el movimiento. En efecto, la extremidad anterior no puede dejar de moverse si la espalda no lo hace antes. Así pues, para estar completamente parada la potra tendrá que hacer un tranco más. En ese momento puedo soltar y acariciar mucho. Observad que a lo largo de todo el ejercicio tengo las piernas separadas de la potra. Si me «agarro» al caballo con las piernas durante la parada, lo más probable es que me desequilibre y que salga despedida hacia delante, cuando lo que quiero, precisamente, es quedarme bien sentada y acompañar al caballo siguiendo con el cuerpo todos los movimientos que hace hasta quedar parado.

135

Grosso modo, y para simplificar, imagínaos sin piernas. Las piernas se reservan para «hablar» al caballo y en ningún caso deben servir para mantener el jinete a caballo. En efecto, si éste se agarra con las piernas para poder aguantarse, deja fuera de uso una de las principales herramientas de qué dispone para comunicarse con el caballo. En estas circunstancias resulta imposible aplicar con la pantorrilla los 30 gramos de presión necesarios para aguantar una cadera en un círculo al galope. ¡Adiós a la finura y la ligereza! Reservad las piernas para el caballo; las necesitaréis para impulsarlo y dar gas y deben estar siempre disponibles.

Por consiguiente, tenéis que entrenaros desde el principio a montar a caballo sentados totalmente relajados (estilo muñeca de trapo) desde la cabeza hasta los pies. Únicamente trabajan los abdominales y los lumbares, porque la pelvis debe ondular y acompañar todos los movimientos del caballo funcionando como un amortiguador. Tenéis que montar «ahorrando energía». El resto del cuerpo, brazos, piernas y cabeza, debe ser capaz de relajarse completamente o de ponerse en tensión según las instrucciones que el «lenguaje del cuerpo» quiera proporcionar al caballo en cada momento.

Los caballos son extremadamente sensibles, así que imaginad la cantidad de informaciones parásitos que le estáis dando sin querer si montáis rígidos o no acompañáis el movimiento con soltura como un bailarín.

Esta manera de montar en estado de «relajación» no es nada estética, pero es indispensable para montar caballos jóvenes eficazmente, especialmente en el momento de desbravarlos. Más adelante, ante el juez, podéis rectificar la posición cuando estéis en la pista. De momento, nos dedicaremos a educar a caballo. Si a la hora de montar un caballo joven estáis rígidos, el trabajo se convierte en algo desagradable para él y su aprendizaje es más lento. Además, le incitáis a rehuir un asiento que le resulta desagradable y a hundir el dorso.

En cuanto al equilibrio del conjunto, como en cualquier otro deporte, sin relajación no es posible adquirir un buen equilibrio y el caballo no puede trabajar correctamente si el jinete no va bien equilibrado y está interfiriendo continuamente en sus movimientos...

Los gestos de las manos

Una vez más, no me dedicaré a pontificar sobre equitación, sino tan sólo a hablar de educación a caballo como base fundamental de todo lo demás. Más adelante, cuando practiquemos la equitación, las manos deberán moverse con la mayor discreción posible, pero en este momento nuestro objetivo es encontrar la manera más fácil para el caballo y el jinete de comunicarse a través de una sola rienda y de conectar dicha rienda a la cabeza, las caderas o las espaldas.

No dudéis en gesticular con los brazos, las manos e incluso con todo el cuerpo, porque a un caballo principiante le es más fácil comprender en qué dirección